Tejido y ganchillo

Una guía paso a paso para aprender métodos y técnicas

Charlotte Gerlings

Grupo Editorial Tomo, S.A. de C.V.,
Nicolás San Juan 1043,
03100, México, D.F.

1a. edición, abril 2013.

Knitting & Crochet
Charlotte Gerlings
Copyright © 2011 Arcturus Publishing Limited
26/27 Bickels Yard, 151-153 Bermondsey Street,
London SE1 3HA

© 2013, Grupo Editorial Tomo, S.A. de C.V.
Nicolás San Juan 1043, Col. Del Valle
03100 México, D.F.
Tels. 5575-6615, 5575-8701 y 5575-0186
Fax. 5575-6695
http://www.grupotomo.com.mx
ISBN-13: 978-607-415-496-2
Miembro de la Cámara Nacional
de la Industria Editorial No. 2961

Traducción: Graciela Frisbie
Diseño de portada: Karla Silva
Formación Tipográfica: Armando Hernández R.
Supervisor de producción: Leonardo Figueroa

Este libro se publicó conforme al contrato establecido entre
Arcturus Publishing Limited y *Grupo Editorial Tomo, S.A. de C.V.*

Impreso en México - *Printed in Mexico*

CONTENIDO

INTRODUCCIÓN

Cada generación redescubre la satisfacción de hacer cosas con las manos; se puede experimentar un placer especial creando ropa y accesorios únicos para la familia o tejiendo para obras de caridad.

El tejido es una de las artes manuales más populares del mundo y no es difícil de aprender; lo mismo puede decirse de su pariente cercano, el ganchillo (o crochet). Ambos crean tejidos entrelazando puntos de estambre, no tejen telas a partir de hilos, como los telares. La gran ventaja del tejido y el crochet es que puedes llevar tu trabajo a dondequiera que vayas. Y el tejido adquiere forma a medida que avanzas; no se necesitan patrones de papel, ni tienes que cortar telas; lo único que tienes que hacer al final es unir las piezas.

Claro que existen ciertos métodos y técnicas que la persona debe dominar antes de que su actividad pueda alzar el vuelo. Aquí presentamos los fundamentos del tejido, con ilustraciones que explican los procedimientos paso a paso y te guían; además hay secciones sobre el equipo necesario y sobre la forma de entender los patrones impresos. También se presentan cuatro proyectos sencillos y un glosario. Nos interesa apoyar a quienes aprendieron a tejer en la infancia y desean un repaso rápido para volver a empezar.

El tejido es una artesanía tan antigua que nadie sabe exactamente cuándo comenzó. Es probable que haya evolucionado durante la Edad de Bronce, cuando se empezaron a tejer redes para pescar. Se encontró una red para el cabello, o cofia, de mujer en una turbera, en Dinamarca; y en las tumbas egipcias se han encontrado calcetines tejidos. Es obvio que este arte creció simultáneamente en diferentes partes del mundo y sin duda los marineros tuvieron un papel importante en cuanto a esparcir estos conocimientos.

En Europa, el tejido se desarrolló hasta llegar a ser una destreza comercializable, y ese hecho se reconoció cuando se establecieron gremios de tejedores profesionales. Las únicas mujeres que fueron admitidas en los gremios medievales fueron las viudas que heredaron las afiliaciones de sus esposos. Es interesante notar que en la Antigüedad el tejido era, al parecer, una ocupación masculina, y que al principio las mujeres se involucraban en este proceso en actividades como cardar e hilar las fibras de estambre.

Cuando la maquinaria de la Revolución Industrial remplazó a los artesanos, el tejido a mano sobrevivió como una industria artesanal y fue el medio de sustento para muchas familias pobres. Durante las guerras mundiales, personas de todas las edades respondieron al llamado de "tejer por la victoria" y produjeron miles de calcetines, guantes, bufandas y suéteres para las tropas. El tejido, como forma de sustento familiar, como actividad caritativa o como pasatiempo, sigue proporcionando ropa, juguetes y artículos para el hogar; y todo empieza con una bola de estambre y un par de agujas.

PRIMERA PARTE

EQUIPO Y MATERIALES

TABLAS DE AGUJAS Y GANCHOS
AGUJAS PARA TEJER
TABLA DE CONVERSIÓN

SISTEMA MÉTRICO	REINO UNIDO	ESTADOS UNIDOS
2.00 mm	14	0
2.25 mm	13	1
2.75 mm	12	2
3.00 mm	11	-
3.25 mm	10	3
3.50 mm	-	4
3.75 mm	9	5
4.00 mm	8	6
4.50 mm	7	7
5.00 mm	6	8
5.50 mm	5	9
6.00 mm	4	10
6.50 mm	3	10.5
7.00 mm	2	-
7.50 mm	1	-
8.00 mm	0	11
9.00 mm	00	13
10.00 mm	000	15
12.00 mm	0000	17
16.00 mm	00000	19
19.00 mm	-	35
25.00 mm	-	50

GANCHOS DE CROCHET
TABLA DE CONVERSIÓN

SISTEMA MÉTRICO	REINO UNIDO	ESTADOS UNIDOS
Acero		
1.00 mm	4	10
1.25 mm	3	8
1.50 mm	2.5	7
1.75 mm	2	6
2.00 mm	1	4

Aluminio o plástico

SISTEMA MÉTRICO	REINO UNIDO	ESTADOS UNIDOS
2.00 mm	14	B-1
2.25 mm	13	B-1
2.75 mm	12	C-2
3.00 mm	11	C-2
3.25 mm	10	D-3
3.50 mm	9	E-4
3.75 mm	9	F-5
4.00 mm	8	G-6
4.50 mm	7	7
5.00 mm	6	H-8
5.50 mm	5	I-9
6.00 mm	4	J-10
6.50 mm	3	10.25
7.00 mm	2	K-10.5
8.00 mm	0	L-11
9.00 mm	00	M-13
10.0 mm	000	N-15
11.5 mm	-	P-16
16.0 mm	-	Q
19.0 mm	-	S

EQUIPO PARA TEJER CON AGUJAS Y GANCHO

El tejido con agujas y gancho requiere de materiales sencillos que son relativamente baratos, aunque siempre vale la pena invertir en los de mejor calidad.

Agujas para tejer (A), pueden ser de aluminio, de plástico, de madera y de bambú. Las personas que tejen rápido prefieren la suavidad del aluminio, pero las principiantes prefieren las agujas de plástico porque se resbalan menos y mantienen el estambre en su lugar. La madera y el bambú son materiales cálidos al tacto y más silenciosos para trabajar con ellos.

Las aguja estándar se venden por pares, uno de sus extremos termina en punta y el otro tiene un tope para evitar que los puntos se deslicen y se pierdan. Una **aguja circular (B)** es un tubo flexible de plástico con puntas de metal. Se usa para tejer cosas grandes, como cobijas o prendas sin costuras. Se venden juegos de tres o cuatro **agujas de doble punta (C);** son para tejidos redondos, como los guantes y calcetines. Hay **agujas de cable especiales (D)** de diversas formas; se usan para prendas de características particulares, como algunos suéteres cerrados.

Un **medidor de agujas con regla (E)** es muy útil. **La aguja sujetapuntos (F)** puede guardar tus puntos o mantener separados los colores. **El contador de filas (G)** y los **marcadores de colores (H)** ayudan a marcar tu progreso, y los **protectores de puntos (I)** garantizan que los

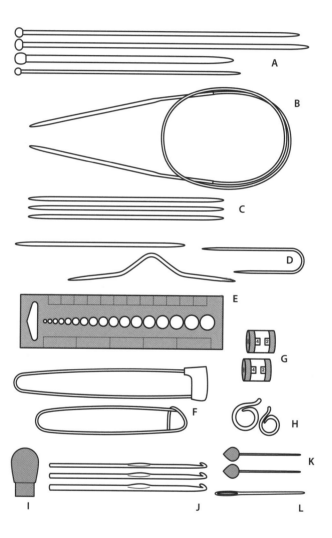

puntos permanezcan en la aguja cuando guardes todo lo relacionado con tu tejido.

Los ganchos de crochet (J) se hacen de acero, aluminio, plástico, madera y bambú. Los de acero son tersos, rígidos y se hacen hasta en los diámetros más pequeños para trabajar encajes con hilo muy fino. Los ganchos de aluminio son parecidos y algunos tienen un manguito muy cómodo para sostenerlos. Los ganchos de plástico son ligeros y más baratos que los de metal, pero a veces son demasiado flexibles para un trabajo que debe quedar ajustado y para hilos firmes. Los ganchos de crochet son cortos, por lo general de 13 a 15 centímetros, ya que, a diferencia del tejido, en el crochet se hacen muy pocas puntadas con el gancho a la vez.

Hay artículos que son útiles en ambos tipos de tejido, por ejemplo: los **alfileres largos (K)** para medir la tensión en las muestras (pág. 9) y para bloquear (pág. 26), y una serie de **agujas de punta roma para estambre (L),** para hacer costuras o para bordar sin atravesar el estambre.

Equipo básico: **tijeras pequeñas** y **una cinta métrica de fibra de vidrio**.

ESTAMBRES Y FIBRAS

Los estambres para el tejido y el crochet se hacen con una amplia variedad de fibras, naturales y de manufactura humana, y en ocasiones con una mezcla de ambas. Además, se elaboran de diversas formas, lo que nos da opciones en cuanto a elegir texturas; desde estambres básicos de 2 o 4 hilos, hasta estambres tipo chenille (de felpilla) o metálicos brillantes.

Los estambres naturales incluyen los de lana, angora y seda, que calientan bien. Se elaboran a partir de las ovejas, las cabras, los conejos y los gusanos de seda. Los fabricantes también procesas fibras vegetales como el algodón, el lino y el bambú, que producen estambres que son frescos y absorbentes. Los estambres sintéticos, como los de acrílico, poliéster, nailon y viscosa (hechos de celulosa), son populares porque son duraderos y fácil de cuidar.

Es importante elegir el estambre más adecuado para tu propósito, así que lee con cuidado la información que aparece en las bolas de estambre. Tal vez quieras una prenda que pueda lavarse en la lavadora, que no se arrugue o que puedas usarla para enfurtir (apelmazar el pelo) (pág. 46). También debes verificar el contenido de fibras; algunas personas son alérgicas a la lana y solo pueden usar ropa sintética.

Las fibras de hilan formando hebras. Después las hebras se retuercen y se unen para formar el estambre. Sin embargo, una hebra sola puede tener cualquier grosor, así que no representa un peso estándar; de hecho, un estambre muy grueso puede tener menos hebras que uno delgado.

El estambre se vende por peso, no por medida. Esta es otra razón por la cual debemos leer las bandas de papel da las bolas de estambre pues ahí aparece, en metros y en yardas, el largo del estambre que contiene cada bola. Esta información de hecho podría ahorrarte dinero; por ejemplo, 50 gramos de estambre de lana ligero rinden más que 50 gramos de estambre más pesado, como el de algodón.

Por diversión, puedes hacer experimentos tejiendo con cualquier material flexible: cordón, listón, rafia... incluso con bolsas de plástico cortadas en tiras delgadas.

Compra suficiente estambre para todo el proyecto. Verifica que el número de lote sea el mismo en todas las bolas de estambre para que sea exactamente del mismo color.

100 gramos 100% acrílico
294 metros / 322 yardas

Se puede lavar en lavadora

secar en frío

plancha fría

Se puede mandar a la tintorería

8UK   US6

4 mm

10 cm x 10 cm

30 filas | 4 x 4 in

22 puntos

El hecho de usar estambre, agujas o ganchos más gruesos o más delgados afecta el tamaño de la prenda terminada. Esta tabla solo es una guía general. Las bandas de papel que vienen con las bolas de estambre y los patrones impresos recomiendan una combinación del peso del estambre y el tamaño de las agujas o el gancho.

TABLA DE ESTAMBRES, AGUJAS Y GANCHOS

REINO UNIDO	ESTADOS UNIDOS	TAMAÑO DE LA AGUJA	TAMAÑO DEL GANCHO
2 hilos	Encaje / ligero, fino	2.00 mm	1.25 mm
3 hilos	Fino	2.75 mm	1.25-2.50 mm
4 hilos	Deportivo / Bebé	3.25 mm	2.50-4.00 mm
Tejido doble	Deportivo /Worsted	3.50-4.50 mm	4.00-6.00 mm
Aran	Pescador / Medio	5.00-7.00 mm	6.00-8.00 mm
Chunky (de lana gorda)	Grueso (Bulky)	5.5- 7.00 mm	8.00-10.00 mm
Super Chunky	Muy grueso (Super Bulky)	7.00-12.00 mm	9.00-16.00 mm

CÓMO LEER LOS PATRONES DE TEJIDO Y CROCHET

Al iniciar cualquier proyecto, dedica algo de tiempo a leer el patrón impreso, incluyendo la sección relacionada con armar la prenda terminada. Las instrucciones para el trabajo se dividen en diversos encabezados ("espalda" "frente", etc.) y en general es mejor tejer las piezas en el orden en que se dan.

Si estás usando un patrón impreso por primera vez, no dejes que las abreviaturas, los paréntesis y otros símbolos te descontrolen. Se usan para ahorrar espacio y se apegan a un código estándar al que pronto te acostumbrarás.

Los patrones para ropa abarcan muchas tallas, desde las más pequeñas, hasta las más grandes, y se expresan en esta forma:

Pecho 66 [71 : 76 : 81.5] cm (26 [28 : 30 : 32] pulgadas)

En el patrón impreso, verás que el número de puntadas que se requieren para cada talla se expresan en la misma forma. Es útil resaltar con un marcador las cifras que se aplican a la talla que necesitas antes de empezar la labor.

Las combinaciones decorativas de puntos requieren números específicos de puntos múltiples, para que el patrón corresponda exactamente a la fila o hilera. Por ejemplo, si el patrón pide 7 puntos múltiples más 2 (un punto extra a cada lado para la bastilla), el número total de puntos debería ser un múltiplo de 7 (14, 21, 28, etc.), más 2.

Las combinaciones especiales de puntos aparecen con corchetes [ ] o paréntesis ( ) y eso significa que deben repetirse en el orden que se muestra. Por ejemplo:

2 pr (2 pd, 2pr) diez veces, 3 pd.

Eso significa: después de tejer los primeros dos puntos revés, repite haciendo dos puntos derecho y dos puntos revés diez veces (40 puntos en total), luego termina con tres puntos derechos.

Cuando aparece un asterisco * antes de una instrucción, eso significa que los puntos que siguen deben repetirse a partir del último punto. Éste es un ejemplo de crochet:

3pc, *2 p.a. doble en el siguiente p.a. doble, 1 p.a. doble; *repetir, unir con un pr en el primer p.c.

Eso significa: tres puntos cadena, luego teje dos puntos altos dobles en la parte superior del siguiente punto alto doble de la ronda anterior, y un punto alto doble hacia la siguiente; repetir la secuencia de puntos altos dobles hasta completar la ronda, y unir con un punto raso en el primer punto cadena.

La lista completa de abreviaturas y términos para tejido y ganchillo se encuentra en las págs. 47-48.

EJEMPLOS DE TENSIÓN EN EL TEJIDO Y EL CROCHET

Todos los patrones de tejido y crochet mencionan la tensión que se requiere en el tejido. Es vital para el tamaño de la prenda terminada y corresponde a la tensión que logró la persona que diseñó la prenda original.

La tensión se refleja en el número de puntos y el número de vueltas que se miden con un cuadrado de 10 x 10 cm, al tejer el punto del patrón con unas agujas o con un gancho de cierto tamaño específico.

Por ejemplo:

20 puntos y 22 vueltas para 10 cm pasando encima del punto con agujas de 5.50 mm.

12 puntos y 5 vueltas para 10 cm en un patrón con gancho de crochet de 6.50 mm.

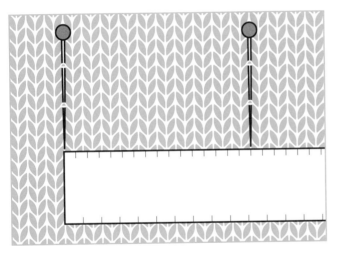

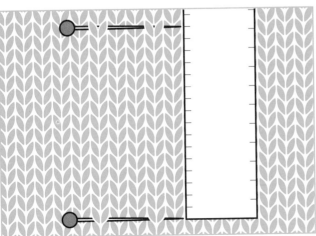

Puedes hacer esta prueba; trabaja un área ligeramente más grande que el cuadrado de 10 x 10 cm con el punto que aparece en el patrón, usando el estambre y las agujas del tamaño que se requiere. Fija tu muestra con alfileres, colocándola plana sobre una superficie firme, sin estirarla. Mide un cuadrado de 10 x 10 centímetros con una regla y márcalo con cuatro alfileres largos.

Cuenta las vueltas y puntos que hay entre los alfileres; incluye los medios puntos o vueltas, ya que afectarán el tamaño en un proyecto grande. Si tu muestra tiene muy pocos puntos o vueltas en el cuadrado, es que tu tensión es demasiado floja y debes intentar tejer con un gancho o con agujas más pequeñas. Si son demasiados puntos, el tejido está demasiado apretado y debes tratar de hacerlo con agujas más grandes. Haz experimentos hasta que llegues a la tensión vertical y horizontal correcta. Si tienes que elegir entre una de estas dos tensiones, opta por el ancho correcto; el largo puede ajustarse fácilmente tejiendo más o menos vueltas.

El tejido que queda demasiado flojo propicia que los puntos se rocen entre sí, lo que a su vez causa que las fibras del estambre se rompan y formen nudos o bolitas de aspecto desagradable en el tejido. Estas bolitas se conocen como frisado. Existen diversos cepillos, escobillas o navajas para eliminarlo.

CÓMO CALCULAR CANTIDADES

Si quieres cambiar el tipo de estambre utilizando uno distinto al que se pide en el patrón impreso, primero ponlo a prueba con un medidor de tensión (pág. 9). Cuando la tensión te satisfaga, encuentra un patrón para un estilo similar que utilice el tipo de estambre que elegiste, y guíate por las cantidades que el patrón te sugiera.

Otra forma de calcular es trabajar con toda una bola del estambre que elijas, medir el área y luego calcular el área total de tu diseño y la cantidad de bolas de estambre que necesitarás para completarlo.

Este método también se utiliza si quieres calcular cantidades al cambiar el punto que pide el patrón, en lugar de cambiar el estambre en sí. Pero debes recordar que cualquier variación de un punto sencillo a uno elaborado siempre consumirá más estambre.

La cantidad de estambre que obtengas de una bola depende de la calidad de la fibra con la que está hecho el estambre. Si sustituyes estambre de algodón o metálico por estambre de lana, el de algodón y lana es menos elástico y tendrás que aumentar puntos para compensarlo, ya que el tejido quedará más apretado y utilizarás una mayor cantidad. Por el contrario, los estambres de fibras más sueltas rinden más, al igual que los estambres sintéticos en general, así que trabajarlos con una tensión más suelta podría ahorrarte mucho estambre.

CANTIDADES APROXIMADAS PARA UN SUÉTER DE MANGA LARGA CON BASE EN EL PESO Y LA FIBRA

(Calcula aproximadamente un 30% menos para un chaleco o para un suéter infantil)

PESO DEL ESTAMBRE	BOLAS DE 100 gm	FIBRA DEL ESTAMBRE	BOLAS DE 100 gm
Mediano	3-4	Acrílico y nailon	3-4
Doble tejido	4-5	Acrílico y lana	4
Aran	6	Lana pura	5
Grueso	7	Algodón	6

En el iPhone hay una aplicación que calcula la cantidad de estambre para tejido y crochet. Te dice cuánto estambre se necesita para un suéter estándar, para calcetines, para una gorra, una manta, etc., basándose en la tensión y en las medidas que introduzcas.

SEGUNDA PARTE

MÉTODOS Y TÉCNICAS DE TEJIDO

CÓMO SOSTENER EL ESTAMBRE Y LAS AGUJAS

La forma en que sostienes las agujas de tejer y el estambre afecta la uniformidad y la tensión del tejido. No existen reglas fijas, así que pon a prueba los métodos que se muestran hasta que encuentres uno que sea adecuado para ti. Tal vez parezca complicado, pero entrelazar el estambre con el que estás trabajando en tus dedos, no sólo te ayudará a tejer más rápido, sino que es una forma de controlar mejor el estambre y el tejido será más uniforme.

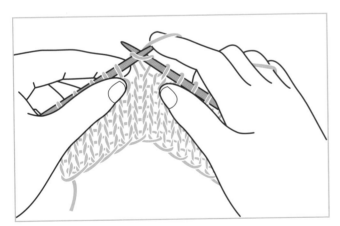
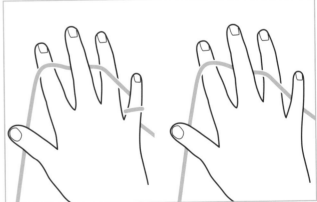

CÓMO PONER (MONTAR) PUNTOS PARA TEJER

Poner la primera vuelta de puntos en la aguja se conoce como montar puntos. Las siguientes vueltas de basan en esta hilera inicial de lazos. Puedes montarlos usando dos agujas, o con una sola aguja y tu dedo pulgar.

Método de dos agujas

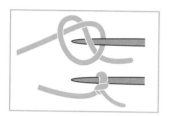   

1 Haz una lazada en el extremo del estambre y tensa un bucle alrededor de una aguja, dejando un trozo suelto de estambre de 15 cm.

2 Con esta aguja en la mano izquierda, inserta la punta de la aguja que tienes en la mano derecha en el lazo, del frente hacia atrás. Pasa el estambre por abajo y por arriba de la punta de la aguja de la mano derecha.

3 Mantén el lazo nuevo en la aguja de la mano derecha y la lazada en la aguja de la mano izquierda. Desliza la aguja de la mano derecha desde atrás de la mano izquierda, pasando el estambre a través de la lazada para formar un nuevo punto.

4 Inserta la aguja de la mano izquierda en el nuevo punto de la parte de enfrente hacia atrás y retira por completo la de la derecha. Jala suavemente el estambre para apretar el nuevo punto alrededor de la aguja de la mano izquierda.

Repite hasta que tengas el número de puntos que se requieren en la aguja de la mano izquierda (el lazo inicial cuenta como punto).

Método del pulgar

  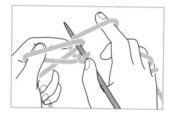 

1 Haz una lazada en el estambre y sujeta el lazo alrededor un una sola aguja, dejando un extremo suelto de 250 cm; suficientemente largo para montar 100 puntos. Con la aguja en la mano derecha, envuelve el extremo en la dirección de las manecillas del reloj alrededor de la articulación superior de tu pulgar izquierdo.

2 Sosteniendo el extremo del estambre en la palma de la mano, introduce la punta de la aguja en el lazo que está alrededor de tu pulgar.

3 Trabajando con el estambre de la bola, envuelve el estambre por abajo y por arriba de la punta de la aguja.

4 Pasa el estambre a través del lazo para formar un nuevo punto y ténsalo alrededor de la aguja, jalando suavemente el estambre con el que estás trabajando y el extremo suelto de estambre.

Repite hasta que tengas el número de puntos que se requieren en la aguja (el lazo inicial cuenta como punto).

CÓMO REMATAR (CERRAR PUNTOS) AL TEJER

Cuando termines de tejer, sujeta los puntos rematándolos para que no se destejan. Esta misma técnica se usa para disminuir (reducir) puntos, por ejemplo cuando le das forma a la sisa (págs. 22-23). Puedes cerrar puntos en una vuelta de derecho o de revés: Ver la página 14 para aprender a tejer el punto revés. Mantén la misma tensión que tiene el resto de tu tejido y trata de no apretarlo demasiado. Si quieres que el borde sea más elástico, usa el terminado elástico.

Cómo cerrar puntos

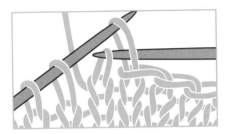

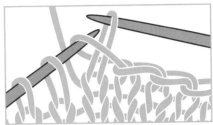

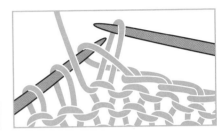

1 Con punto derecho: Empieza tejiendo los dos primeros puntos de la vuelta en que vas a rematar el tejido e inserta la punta de la aguja de la mano izquierda en el primero de estos dos puntos.

2 Con punto derecho: Levanta el primer punto sobre el segundo y retira la aguja de la mano izquierda de modo que el primer punto quede cerrado alrededor de la base del segundo. Un punto permanece en la aguja de la mano derecha; ahora teje el siguiente punto para que vuelvas a tener dos.

3 Con punto revés: Trabaja la vuelta de punto revés en la misma forma, pero haz punto revés en lugar de derecho.

Repite hasta que sólo quede un punto en la aguja de la mano derecha. Corta el estambre, dejando un extremo suelto de 15 cm. Desliza el último punto fuera de la aguja, introduce el extremo del estambre a través de él y jala suavemente hasta que quede parejo con el resto de la hilera de puntos. Enhebra el extremo suelto de estambre en una aguja de punta roma para estambre y cóselo por el borde a lo largo de aproximadamente 7 cm.

Terminado elástico

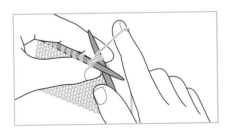

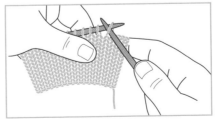

Repite hasta que sólo quede un punto en la aguja de la mano derecha. La versión de este método con punto revés a veces recibe el nombre de cerrar puntos estilo ruso.

1 Teje juntos los dos primeros puntos en la aguja del lado izquierdo, insertando la punta de la aguja del lado derecho por detrás de ambos lazos.

2 Desliza el nuevo punto que hiciste en la aguja de la mano derecha regresándolo a la aguja de la mano izquierda, listo para tejerlo junto con el siguiente punto.

PUNTOS BÁSICOS Y MÁS

El derecho y el revés son los dos puntos básicos de tejido. Empieza sosteniendo la aguja en la que colocaste los puntos con la mano izquierda, y el estambre y la otra aguja en la mano derecha.

Derecho (p o der)

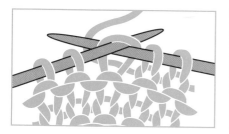 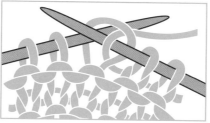 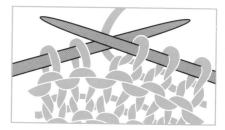

1 Con el estambre atrás, inserta la punta de la aguja de la mano derecha en el primer punto de la aguja de la mano izquierda de la parte del frente hacia atrás.

2 Pasa el estambre por abajo y por arriba de la punta de la aguja de la mano derecha. Forma un lazo nuevo deslizando la punta de la aguja de la mano derecha hacia arriba, por encima de la izquierda.

3 Pasa el estambre totalmente a través del punto de la aguja de la mano izquierda y desliza todo el punto nuevo a la aguja de la mano derecha. Tejiste un punto.

Repite esta acción en cada uno de los puntos que están en la aguja de la mano izquierda hasta que todos estén en la aguja de la mano derecha. Así terminas una vuelta. Para tejer la siguiente vuelta, cambia las agujas de modo que los puntos que tejiste queden a tu izquierda y sostén la aguja vacía con la mano derecha; todo está listo para tejer otra vuelta en la misma forma.

Revés (pr)

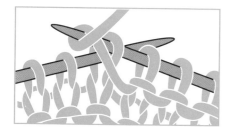  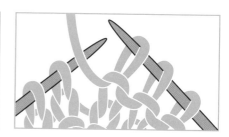

1 Con el estambre al frente, inserta la punta de la aguja de la mano derecha en el primer punto de la aguja de la mano izquierda, de la parte de atrás hacia delante. Pasa el estambre por encima y alrededor de la punta de la aguja de la mano derecha.

2 Forma un nuevo lazo deslizando la punta de la aguja de la mano derecha por debajo de la izquierda.

3 Pasa por completo el estambre por el punto de la aguja de la mano izquierda y desliza todo el punto nuevo a la aguja de la mano derecha. Hiciste un punto revés.

Repite esta acción con cada punto que esté en la aguja de la mano izquierda hasta que los puntos estén en la aguja de la mano derecha. Así terminas toda una vuelta. Para hacer punto revés en la segunda vuelta, cambia la aguja que tiene todos los puntos a tu mano izquierda y sostén la aguja vacía en tu mano derecha para empezar a tejer otra vuelta en la misma forma.

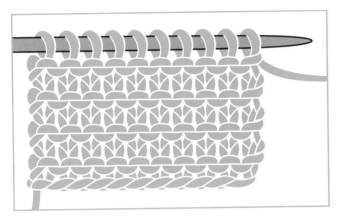

Punto bobo

Haz todas las vueltas con punto derecho.

Se logra el mismo efecto haciendo todas las vueltas con punto revés.

El punto bobo es el tejido más fácil, y puede hacerse con cualquier número de puntos.

PROYECTO

Si ya empezar hacer tu primer proyecto, trata de hacer una bufanda de punto bobo con estambre doble o estambre grueso con agujas de 6.00 mm [Número 10 en Estados Unidos]. Monta de 50 a 70 puntos y teje las vueltas que necesites para darle a la bufanda el largo deseado, antes de rematar. Como toque final, añade un borde (pág. 29).

Punto jersey

Primera vuelta – derecho

Segunda vuelta – revés

Repetir estas dos vueltas para lograr el efecto.

El lado "derecho" del tejido tendrá el aspecto de una serie de letras "V" parejas (ver pág. 9), mientras que el "revés" del tejido presentará una serie de surcos horizontales. El tejido hecho con punto jersey tiende a enrollarse en los lados.

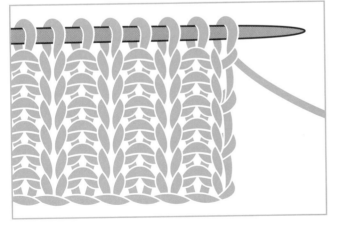

Tejido elástico

Múltiple de dos puntos

Cada vuelta: 1 derecho, 1 revés; repetir hasta el final de la vuelta.

Asegúrate de tejer un revés en los puntos donde tejiste un derecho en la vuelta anterior y viceversa, de lo contrario el patrón vertical distintivo no se logrará. El tejido elástico es flexible y es ideal para hacer cuellos, puños y cinturones.

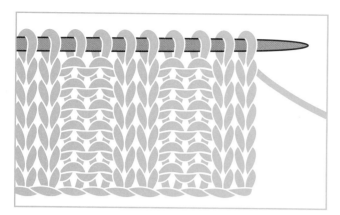

Doble elástico

Múltiple de 4 puntos
Cada vuelta con 2 derechos, 2 revés, repitiendo hasta el final.

Asegúrate de hacer punto revés donde hiciste derecho en la vuelta anterior, y viceversa, de lo contrario el patrón vertical característico no se logrará.

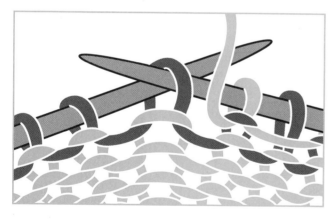

Punto de musgo

Múltiple de 2 puntos
Primera vuelta: 1 derecho, 1 revés, repetir hasta el final.
Segunda vuelta: 1 revés, 1 derecho; repetir hasta el final.
Repetir estas dos vueltas para crear el efecto.

Pasar puntos

Transfiere un punto de la aguja de la mano izquierda a la aguja de la mano derecha sin trabajar el estambre. Si no se te ordena otra cosa, siempre debes transferir los puntos como si estuvieras tejiendo un revés, con la punta de la aguja de la mano derecha cruzando la parte frontal de la aguja de la izquierda, como si te estuvieras preparando para tejer un revés. Esto mantiene al punto sin torcerse y con la misma postura.

Tejido de esterilla

Ver la fotografía 2 en la contraportada

Múltiple de 8 puntos más 3
Vuelta 1: (lado derecho) derecho
Vuelta 2: 4 derechos, 3 revés, *5 derecho, 3 revés; repetir hasta el final.
Vuelta 3: 4 revés, 3 derecho *5 revés, 3 derecho; repetir hasta el final.
Vuelta 4: Igual que la vuelta 2
Vuelta 5: derecho
Vuelta 6: 3 revés, *5 derecho, 3 revés
Vuelta 7: 3 derecho, *5 revés, 3 derecho; repetir hasta el final
Vuelta 8: Igual que la vuelta 6
Repetir las vueltas 1 a 8 para lograr el efecto.

Punto de musgo doble

Ver la fotografía 1 en la contraportada

Múltiple de 4 puntos
Vuelta 1: 2 derechos, 2 revés; repetir hasta el final
Vuelta 2: 2 revés, 2 derechos; repetir hasta el final
Vuelta 3: Igual que la vuelta 1
Vuelta 4: Igual que la vuelta 2
Repetir las vueltas 1 a 4 para lograr el efecto.

PROYECTO: SOMBRERO DE CORDONCILLO PARA NIÑA DE DOS AÑOS, CON BORDE DOBLADO Y BORLA

Mútliple de 4 puntos

Usa estambre grueso de lana con agujas de 6.00 mm [10 en Estados Unidos] o dos hilos dobles de estambre para tejer al mismo tiempo (en diferentes colores para producir un efecto multicolor).

Esta gorra está diseñada para niños (niñas) de 1 a 3 años, aunque el punto elástico se extiende mucho y la gorra podría ser adecuada para niños un poco más grandes. Los resultados dependen de la tensión de los puntos y de cualquier otra variación que decidas introducir en el tamaño de la aguja o en el grosor del estambre. Teje primero una muestra (pág. 9); Monta 20 puntos y teje 10 vueltas con punto elástico de 2 derechos y 2 revés. Sin estirarlo, el tejido debería medir aproximadamente 10 cm de ancho.

Monta 60 puntos.

Primera vuelta: derecho por atrás del punto, para tener un borde definido.

Segunda vuelta: derecho hasta el final de la vuelta.

Tercera vuelta: (LADO DERECHO) *2 derecho, 2 revés; repetir *hasta el final de la vuelta.

Teje un total de 34 vueltas con el patrón elástico de 2 derechos 2 revés. El tejido mide 21.5 cm, incluyendo un doblez de 5 cm.

Disminuir

Primera vuelta: (LADO DERECHO) *2 derechos, tejer dos puntos revés retorcidos juntos; repetir *hasta el final de la vuelta (quedan 45 puntos).

Segunda vuelta: *1 derecho, 2 revés; repetir *hasta el final de la vuelta.

Tercera vuelta: tejer 2 puntos derechos juntos; repetir hasta el final de la vuelta (quedan 30 puntos)

Cuarta vuelta: *1 derecho, 1 revés, repetir hasta el final de la vuelta.

Quinta vuelta: *1 derecho, 1 revés, tejer dos puntos derechos juntos; repetir desde * hasta los dos últimos puntos, 1 derecho, 1 revés (quedan 23 puntos)

Sexta vuelta: *Tejer dos puntos revés juntos; repetir desde * hasta el último punto, 1 revés (quedan 12 puntos)

Séptima vuelta: *Tejer dos puntos derechos juntos; repetir desde * hasta el final de la vuelta (quedan 6 puntos).

Corta el estambre dejando un extremo largo de aproximadamente 90 cm. Enhebra una aguja grande de tapicería o una aguja para estambre. Saca con cuidado los seis puntos que quedan en la aguja de tejer y sosteniéndolos con firmeza en la base, pasa la aguja de coser con el estambre largo a través de los lazos.

Forma un anillo con los seis puntos y únelos con punto atrás antes de usar el resto del estambre largo para unir la gorra desde la parte superior hasta el borde. Ten cuidado de mantener el patrón del tejido elástico derecho a la largo de la costura.

Haz un pompón de 5.5 cm (pág. 30) y cóselo a la parte superior de la gorra.

Punto ojalillo (eyelet cable)

Ver fotografía número 3 en la contraportada

Éste es otro punto que podrían usar quienes disfrutan de la aventura (en promedio, ocho puntos miden 2.5 cm), lo que es muy práctico para tejer gorros y bufandas.

Monta puntadas en múltiplos de 5, más 2.

Primera vuelta: (LADO DERECHO) 2 puntos revés, * 3 puntos derechos, 2 puntos revés, repetir desde * hasta el final.

Segunda vuelta: (LADO REVÉS) 2 puntos derechos, *3 puntos revés; 2 puntos derechos, repetir desde * hasta el final.

Tercera vuelta: 2 puntos revés, *deslizar 1 punto revés [como si fueras a tejer un punto revés], 2 puntos derechos, pasar el punto deslizado por encima de los 2 puntos derechos tejidos, 2 puntos revés; repetir desde * hasta el final.

Cuarta vuelta: 2 puntos derechos, *1 punto revés, hacer lazada, 1 punto revés, 2 puntos derechos; repetir desde * hasta el final.

Repite las vueltas 1 a 4 para formar el patrón.

CIRCUNFERENCIA PROMEDIO DE LA CABEZA Y ALTURA DE LA GORRA

NIÑO(A) de 1 a 3 años	Circunferencia 46-51 cm	Altura 20 cm
NIÑO(A) de 3 a 10 años	Circunferencia 48-52 cm	Altura 21.5 cm
ADULTO JOVEN	Circunferencia 52-56 cm	Altura 23 – 26 cm
MUJER	Circunferencia 54-57 cm	
HOMBRE	Circunferencia 58.5-61 cm	

BORDES

Los bordes se ven mejor cuando el tejido es parejo y esto también ayuda a que sea más fácil coserlos. Un buen consejo para que los bordes queden bien, especialmente cuando usas el punto jersey, es tejer los primeros cuatro puntos de cada vuelta apretándolos bien, y dejar los últimos cuatro puntos flojos; en esta forma la tensión de los bordes se equilibra cada vez que voltees tu tejido.

Borde deslizando puntos

En las vueltas de derecho, desliza el primer punto en dirección al derecho y el último punto en la vuelta es un punto derecho.

En las vueltas de revés, desliza el primer punto en dirección al revés y el último punto de la vuelta es un punto revés.

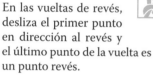

Este método empareja ambos bordes y forma una ligera protuberancia que aparece en cada segunda vuelta. Estas protuberancias hacen que sea fácil contar las vueltas y eso es útil a la hora de unir las piezas emparejando bien los puntos.

Borde abierto

En las vueltas de derecho, desliza el primer punto y los últimos puntos de cada vuelta deben ser hacia el derecho.

En la vuelta de revés, todos los puntos finales son revés.

Sólo se usa cuando el borde de tu labor se va a dejar abierto, como en una bufanda. Es un borde demasiado flojo (suelto) para coserse a otra pieza.

CÓMO AÑADIR ESTAMBRE ADICIONAL SIN HACER NUDOS

Ésta es una forma de añadir estambre al principio de una vuelta si estás tejiendo bandas horizontales.

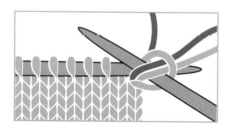

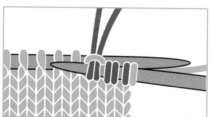

Cuando termines, entreteje los extremos sueltos en los bordes o por el revés de tu tejido, con una aguja para estambre.

1 Introduce la aguja de la mano derecha en el primer punto de la aguja de la mano izquierda y envuelve en ella el estambre con el que estabas trabajando y el nuevo; teje un punto con ambos estambres juntos.

2 Suelta el estambre con el que ya estabas trabajando y teje los dos puntos siguientes con el estambre nuevo doble, luego suelta el extremo del estambre nuevo y sigue tejiendo. Trata los puntos dobles como puntos normales en la siguiente vuelta.

PROCEDIMIENTOS DE EMERGENCIA

Cómo recuperar puntos que se saltaron

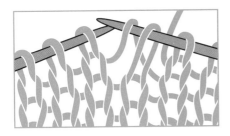

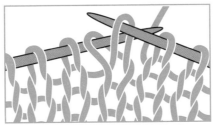

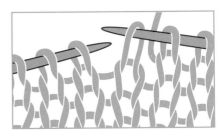

1 Los puntos que se saltaron en una vuelta de tejido muestran un lazo de estambre hacia atrás.

2 Introduce la aguja de la mano derecha en el lazo vacío, toma el estambre del punto saltado y llévalo a la aguja de la mano derecha.

3 Transfiere el punto rescatado a la aguja de la mano izquierda de modo que se destuerza y quede en la posición correcta en el lado correcto; ya puedes seguir tejiendo normalmente.

Trabaja a la inversa si el estambre suelto está frente al punto saltado.

Cómo remendar "escaleras"

Cuando un punto saltado se desliza hacia abajo, forma una "escalera". Usa un gancho de tejer para recuperar el punto y súbelo moviendo cada "peldaño" sucesivo hacia delante (derecho) o hacia atrás (revés), a través del lazo.

Cómo corregir un error

Si cometes un error antes de terminar una vuelta, es muy fácil deshacer tus puntos para corregirlos.

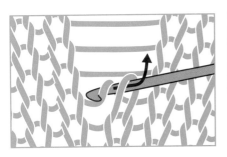

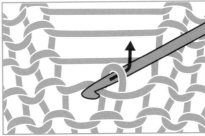

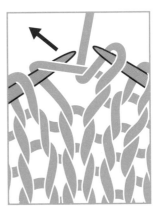

1 Así se remienda una escalera en una vuelta de puntos derechos.

2 Así se remienda una escalera en una vuelta de puntos revés.

Introduce la punta de la aguja de la mano izquierda en el lazo que está debajo del último punto que tejiste en la aguja de la mano derecha. Transfiere este lazo a la aguja de la mano izquierda, permitiendo que el punto que está sobre él se deslice y se salga de la aguja de la mano derecha. Repite retrocediendo lo que sea necesario.

AUMENTAR

Al tejer una prenda, es necesario dar forma al tejido y esto significa que hay que añadir puntos. Existen varios métodos para añadirlos

Trabajar dos veces el mismo punto (aumentar 1)

Este método se usa para dar forma a los bordes de una prenda

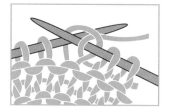   

1 A MODO DE UN PUN-TO DERECHO: Con el estambre hacia atrás, introduce la aguja de la mano derecha del frente hacia atrás y haz un punto en la forma usual sin deslizarlo hacia la aguja de la mano izquierda.

2 A MODO DE UN PUN-TO DERECHO: Manteniendo el lazo nuevo en la aguja de la mano derecha, introduce la aguja de la ma. no derecha en la parte de *atrás* del mismo punto en la aguja de la mano izquierda y vuelve a tejer, completando la transferencia hacia la aguja de la mano derecha.

3 A MODO DE UN PUN-TO REVÉS: Con el estambre al frente, introduce la aguja de la mano derecha de la parte de atrás hacia delante y haz un punto revés como de costumbre sin deslizarla y pasarla a la aguja de la mano izquierda.

4 A MODO DE UN PUN-TO REVÉS: Mantén el nuevo lazo en la mano derecha, introduce la aguja de la mano derecha en la parte de atrás del mismo punto en la mano izquierda y haz otro punto revés, completando la transferencia a la aguja de la mano derecha.

Aumento de puntos (hacer uno)

Se usa para dar forma al cuerpo de una prenda. Este método es más fácil si se hace en una vuelta de punto derecho. Es más complicado manipular la aguja de la mano derecha en una vuelta de punto revés.

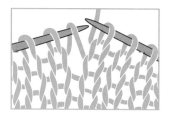 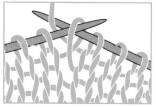 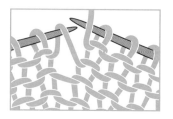 

1 EN UNA VUELTA DE PUNTO DERECHO: Con la punta de la aguja de la mano izquierda insertada del frente hacia atrás, sube el trozo de estambre que se encuentra entre los puntos de tu aguja de la izquierda y tu aguja de la derecha.

2 EN UNA VUELTA DE PUNTO DERECHO: Teje por la parte de atrás del trozo de estambre levantado. Esto evita que se forme un hoyo en el tejido. El punto nuevo acaba en la aguja de la mano derecha.

3 EN UNA VUELTA DE PUNTO REVÉS: Con la punta de la aguja de la mano izquierda insertada del frente hacia atrás, eleva el trozo de estambre que se encuentra entre tu aguja de la mano izquierda y tu aguja de la mano derecha.

4 EN UNA VUELTA DE PUNTO REVÉS: Haz punto revés por la parte de atrás del trozo de estambre elevado. Esto evita que se forme un hoyo en el tejido. El punto nuevo acaba en la aguja de la mano derecha.

Aumento elevado (1 derecho hacia arriba o 1 revés hacia arriba)

Este método se adapta a aumentos por pares, como al dar forma a mangas ranglan. Puede apretar el tejido, así que deberías trabajar con menor tensión.

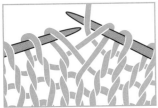

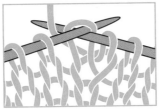

1 **A LA MANERA DE UN PUNTO DERECHO:** Inserta tu aguja de la mano derecha del frente hacia atrás llevándola a la parte superior del punto que está debajo del siguiente punto que vas a tejer. Téjelo en la forma usual y crea un punto nuevo.

2 **A LA MANERA DE UN PUNTO DERECHO:** Luego teje el siguiente punto derecho en la aguja de la mano izquierda.

3 **A LA MANERA DE UN PUNTO REVÉS:** Inserta tu aguja de la mano derecha de atrás hacia delante en la parte superior del punto que está debajo del siguiente punto que debes tejer con revés. Haz el punto revés en la forma usual y crea un nuevo punto.

4 **A LA MANERA DE UN PUNTO REVÉS:** Luego teje el siguiente punto revés en la aguja de la mano izquierda.

Aumento decorativo (estambre por delante, hacer lazada)

Se usa en encajes y otros tipos de trabajo decorativo; este método (que también se conoce como "hacer lazada") forma un patrón abierto, que también puede usarse para hacer ojales.

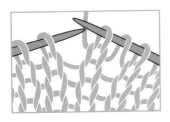

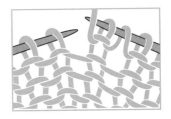

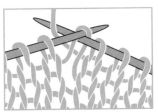

1 **A LA MANERA DE UN PUNTO DERECHO (estambre por delante / hacer lazada):** Mueve el estambre hacia delante y lázalo sobre la aguja de la mano derecha. Haz el siguiente punto derecho y termina la vuelta.

2 **A LA MANERA DE UN PUNTO DERECHO (estambre por delante / hacer lazada):** En la siguiente vuelta, haz revés, haz derecho o lleva el estambre sobre el lazo en la forma usual. Trabaja el patrón hasta el final de la vuelta.

3 **A LA MANERA DE UN PUNTO REVÉS (hacer lazada):** Regresa el estambre por encima de la aguja de la mano derecha y luego por abajo hacia el frente de tu labor. Haz el siguiente revés y termina la vuelta.

4 **A LA MANERA DE UN PUNTO REVÉS (hacer lazada):** En la siguiente vuelta, haz derecho o revés llevando el estambre por encima del lazo en la forma usual. Trabaja el patrón hasta el final de la vuelta.

DISMINUIR

El disminuir, al igual que el aumentar, son necesarios para dar forma a la prenda que estás tejiendo. Las disminuciones siempre son visibles y te darás cuenta de que los puntos se inclinan hacia la derecha o hacia la izquierda. Es importante trabajarlos en pares para que tu tejido se vea equilibrado, por ejemplo al hacer un cuello en V. Juntar puntos es la forma más simple de disminuir (reducir).

Tejer dos puntos juntos (2 puntos de derecho juntos o 2 puntos de revés juntos)

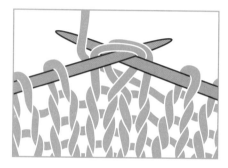 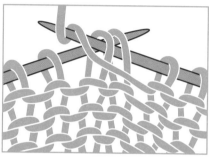 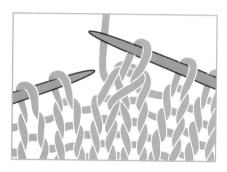

1 A LA MANERA DE UN PUNTO DERECHO: Inserta tu aguja de la mano derecha por el frente de los primeros dos puntos en la aguja de la mano izquierda. Téjelos juntos como si fueran un solo punto de derecho.

2 A LA MANERA DE UN PUNTO REVÉS: Inserta tu aguja de la mano derecha por el frente de los primeros dos puntos en la aguja de la mano izquierda. Téjelos juntos como si fueran un solo punto de revés.

3 La disminución se inclina hacia la derecha si tejes los puntos juntos al frente de los lazos; y se inclina hacia la izquierda si los tejes juntos por la parte de atrás.

Punto de escama

Ver la fotografía 4 en la contraportada

Este interesante punto de bella textura es adecuado para las personas de nivel medio en el tejido. Tiene un patrón adecuado para suéteres y chaquetas (cárdigan); los puntos de derecho en ambos extremos de cada vuelta crean un borde adecuado para unir las piezas (pág. 26).

Múltiple de 4 puntos más 2
Primera vuelta: (LADO DERECHO) punto derecho hasta el final.
Segunda vuelta: 1 punto derecho, *hacer lazada, 2 puntos de revés sobre 2 puntos y fuera de la aguja, 2 puntos revés; repetir desde * hasta el último punto, 1 punto de derecho.
Tercera vuelta: igual que la primera vuelta.
Cuarta vuelta: 1 punto derecho, *dos puntos de revés, hacer lazada sobre 2 puntos de revés y fuera de la aguja; repetir desde * hasta el último punto; 1 punto de derecho.

Repetir las vueltas de la 1 a la 4 para dar forma al patrón.

Los contrastes son importantes para las personas que tejen y que tienen problemas de la vista. Usa agujas de color claro cuando trabajes con estambre de color oscuro y viceversa. También es útil tener en tu regazo tela de color claro cuando estás tejiendo.

El método de dejar un punto sin tejer se ve más suelto que el
de tejer puntos juntos y produce un efecto más decorativo.

Punto sin tejer en una vuelta de punto derecho (deslizar 1 punto, tejer 1 punto derecho, pasar el punto deslizado por encima del punto tejido)

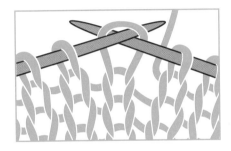
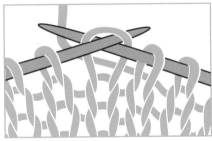
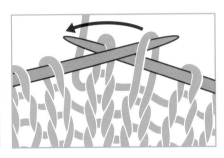

1 Inserta tu aguja de la mano derecha, a la manera de un punto derecho, en el primer punto de la aguja de la mano izquierda y transfiérelo de la izquierda a la derecha sin trabajar el estambre.

2 Teje el siguiente punto derecho en tu aguja de la mano izquierda en la forma usual.

3 Desliza la punta de la aguja de la mano izquierda al interior del punto que deslizaste a la derecha y levántalo sobre el punto derecho que acabas de tejer.

Punto sin tejer en una vuelta de punto revés (deslizar 1 punto, tejer 1 punto revés, pasar el punto deslizado por encima del punto tejido)

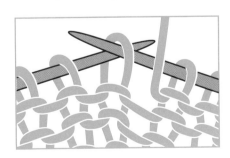
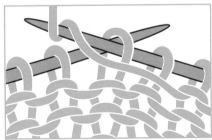
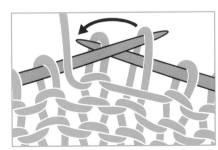

1 Inserta tu aguja de la mano derecha, a la manera de un punto revés, en el primer punto de la aguja de la mano izquierda y transfiérelo de la izquierda a la derecha sin trabajar el estambre.

2 Teje el siguiente punto revés en tu aguja de la mano izquierda en la forma usual.

3 Desliza la punta de la aguja de la mano izquierda al interior del punto que deslizaste a la derecha y levántalo sobre el punto revés que acabas de tejer.

TEJER EN REDONDO

Tejer en redondo es trabajar el estambre en una espiral continua; por lo tanto, no tienes que hacer costuras. Otra ventaja es que el lado derecho del patrón siempre va hacia fuera, lo que hace que sea fácil seguirlo. El método de tejer en redondo, sin embargo, incluye ciertos pasos que se oponen al procedimiento "normal", pero las personas que tejen se adaptan a ellos en poco tiempo. Por ejemplo, para producir en punto bobo, tejes puntos de derecho en todas las vueltas, y el punto jersey se hace tejiendo puntos de derecho y de revés en forma alterna.

Tejer con aguja circular

Una aguja circular sostiene muchos más puntos que una aguja recta ordinaria, lo que hace que sea ideal para tejer prendas grandes como suéteres y faldas.

Trabaja como si cada punta fuera una aguja separada. Coloca un marcador de color entre los primeros puntos y los últimos puntos que montes, y *lo más importante* es corregir todos los puntos torcidos, girando el borde ya montado hacia el centro. Al tejer el primer punto de la rueda, jala el estambre con firmeza para evitar orificios. Lleva la cuenta moviendo tu marcador en cada vuelta.

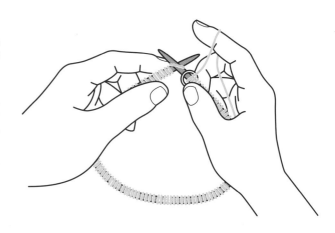

Tejer con tres o más agujas

Las labores más pequeñas como calcetines o guantes, se tejen con juegos de agujas de dos puntas. Son excelentes para labores complejas como los patrones tradicionales Fair Isle [nombre de una pequeña isla al norte de Escocia], los cuellos y los dedos de los guantes.

Monta y divide los puntos por igual en las agujas, dejando una libre como aguja de trabajo. Coloca un marcador de color entre el primero y el último punto que montaste. Teje una vuelta asegurándote de que el primer punto que tejas esté cerca de la última aguja y de que no se formen huecos. Sigue así, utilizando las agujas vacías por turnos para tejer. Sostén las dos agujas de trabajo y permite que la(s) otra(s) cuelgue(n) hacia atrás.

OJALES

El tipo de ojal que elijas depende de la prenda que estés tejiendo. Un ojal sencillo es normalmente lo primero que uno intenta hacer, y con mayor frecuencia se usan para ropa de bebé o como ranuras a través de las cuales pasar listones. También son adecuados para ropa de adultos que tenga botones chicos. Haz los ojales a una distancia de al menos dos puntos de la orilla. (En la pág. 40 se explica cómo se cose una presilla para asegurar un botón en una prenda de ropa o en una bolsa.)

> Compra los botones antes de empezar para que sepas de qué tamaño debes hacer los ojales. Evita elegir botones con bordes burdos o filosos, podrían deshilachar y desgastar el estambre muy rápido.

Ojal sencillo o de lazada

El ojal es más grande si usas estambre más grueso.

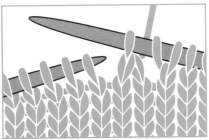

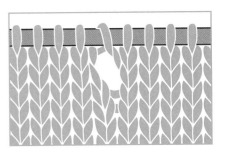

1 Trabaja hasta el punto donde quieras hacer el ojal, coloca el estambre al frente y luego hacia atrás para tejer dos puntos juntos (tejer dos puntos derechos puntos).

2 El número general de puntos sigue siendo el mismo.

3 Teje la siguiente vuelta como una vuelta normal del patrón, pasando el estambre como en un punto ordinario. El ojal está completo.

Ojal abierto (de puntada deslizada)

Esta opción es mejor para entrelazar listones.

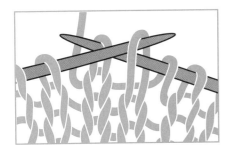

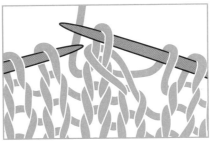

1 Trabaja hasta el punto donde quieres poner el ojal, luego haz una lazada y desliza el siguiente punto, a la manera de un punto derecho en tu aguja de la mano derecha. Teje un punto derecho.

2 Con la punta de tu aguja de la mano izquierda, levanta y pasa el punto sobre el punto que acabas de tejer (pasar un punto deslizado por encima de un punto ya tejido).

3 Teje la siguiente vuelta normalmente según el patrón, tratando la lazada como un punto ordinario. El ojal está completo.

TOQUE FINAL

Sujetar con alfileres y planchar la prenda tejida

Antes de unir una prenda tejida con agujas o con gancho, las piezas deben sujetarse con alfileres en forma separada y plancharse al vapor. Sin embargo algunas fibras se arruinan al contacto con la plancha, así que debes consultar las instrucciones en la banda de la bola de estambre para ver lo que se recomienda. Algunas personas sólo sostienen la plancha sobre la tela húmeda, bastante cerca para crear un vapor sin colocar la plancha sobre la tela en absoluto.

Forma una superficie acolchada sobre la cual planchar, doblando unas toallas, colocándolas sobre una mesa y cubriéndolas con una tersa sábana de algodón. Debe ser suficientemente grande para poder colocar sobre ella la pieza tejida más grande.

Costuras

Usando el mismo estambre con el que tejiste, cose las piezas uniéndolas; usa una aguja para estambres de punta roma. Hay dos tipos principales de costuras:

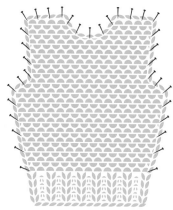

1 Coloca la prenda por el revés sobre la superficie acolchada y sin estirarla demasiado, clava alfileres para sujetarla a la superficie acolchada; usa muchos alfileres largos que no se oxiden.

2 Prepara la plancha siguiendo las instrucciones de la banda de la bola de estambre, coloca una tela de algodón limpia y húmeda sobre la prenda y luego presiónala brevemente y con suavidad. Mueve la plancha levantándola, no la deslices sobre la superficie.

Retira la tela y los alfileres cuando el vapor se haya desvanecido. Dale forma a la prenda si es necesario y luego permite que se seque por completo.

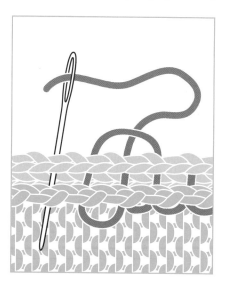
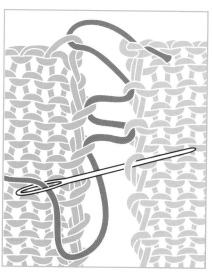

1 **PUNTO ATRÁS:** Sujeta con alfileres los bordes según corresponda; las vueltas del tejido deben quedar niveladas y parejas. Cose de derecha a izquierda, a una distancia aproximada de 6 mm del borde. Da una puntada al frente y luego hacia atrás, volviendo a sacar la aguja a la distancia de una puntada hacia el frente de la primera. Una costura firme forma un borde en el revés de la prenda.

2 **PUNTO ESCALERA:** Se colocan los bordes frente a frente, al derecho del tejido; las vueltas deben nivelarse perfectamente y deben corresponder. Haz puntadas alternas en cada punto del borde. La costura es casi invisible si se hace bien; esta puntada es ideal para estambres ligeros.

DECORAR: CON PUNTO DE CRUZ

El punto de cruz que se borda sobre un tejido debe hacerse con la misma tensión que tiene el tejido de modo que la prenda no pierda su forma. Para evitar que el estambre se rompa, debes usar una aguja de punta roma como las que se usan para tapicería o para bordar lona. Debe tener un ojo suficientemente grande para que pase el estambre. Puedes bordar motivos sencillos o letras en punto de cruz; abajo se encuentra un alfabeto que puedes usar como guía. Cada cuadro de la tabla representa un punto de cruz.

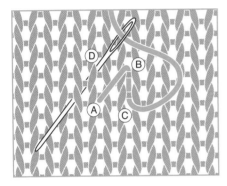

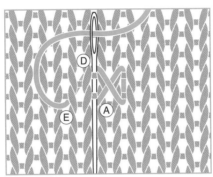

1 Sujeta el extremo del estambre por el revés del tejido, haciendo un nudo o con punto atrás, antes de sacar la aguja por el punto A de la ilustración. Forma una diagonal de la A a la B. Saca la aguja en el punto C y vuelve a meterla en el punto D.

2 Para completar el punto de cruz, saca la aguja en el punto E. Para continuar vuelve a meter la aguja en D y sácala de nuevo en A.

Para bordar hileras de punto de cruz más largas con mayor rapidez, puedes trabajar de extremo a extremo formando primero líneas diagonales y luego formar las cruces de regreso.

DECORAR: CON COSTURA ESTILO SUIZO

Esta forma de bordado imita el tejido sobre el cual se hace y debería trabajarse con la misma tensión. Se hace rápido y produce un diseño elevado porque forma un tejido doble. Puedes usarlo para formar diseños individuales o para añadir líneas o letras; incluso puedes usarlo para reforzar ciertas áreas de la prenda, como las de los codos o las rodillas. Para evitar que se rompa el estambre del tejido, usa una aguja de punta roma, como las que se usan para tapicería o para bordar lona; debe tener un ojo suficientemente grande para que entre el estambre.

Para trabajar en sentido horizontal

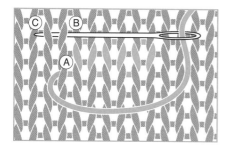
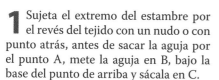

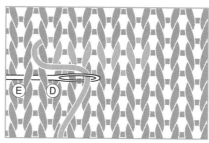

1 Sujeta el extremo del estambre por el revés del tejido con un nudo o con punto atrás, antes de sacar la aguja por el punto A, mete la aguja en B, bajo la base del punto de arriba y sácala en C.

2 Mete la aguja en D y sácala en E; ahora está lista para la siguiente puntada.

Para trabajar en sentido vertical

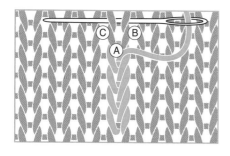

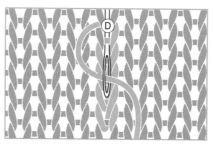

1 Sujeta el extremo del estambre por el revés del tejido con un nudo o con punto atrás, antes de sacar la aguja por el punto A, mete la aguja en B, bajo la base del punto de arriba y sácala en C.

2 Toma la aguja bajo la parte superior del punto de abajo y sácala en D, lista para la siguiente puntada.

CÓMO ADORNAR CON CUENTAS Y LENTEJUELAS

Sujeta el estambre por la parte de atrás del tejido. Sácalo por el lado derecho y ensarta una cuenta. Vuelve a meter la aguja en el mismo lugar, o cerca del mismo lugar. Avanza con una puntada por el revés y sácalo de nuevo para que esté listo para la siguiente cuenta.

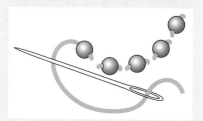

Usa un hilo que concuerde con el tejido y sujétalo por el revés. Sostén la lentejuela sobre el tejido, por el derecho, y saca la aguja por el centro. Haz un punto atrás hacia el borde derecho de la lentejuela, sácala por el borde del lado izquierdo y haz un punto atrás, metiendo la aguja por el centro. Repite el procedimiento con la siguiente lentejuela. No deben ponerse lentejuelas en prendas para niños menores de tres años.

DECORAR: CON BORLAS Y FLEQUILLOS

Es fácil hacer borlas con estambre que concuerde con el color de la prenda tejida con agujas o con gancho, o con un color que marque un contraste. Necesitarás una tarjeta rectangular que mida más o menos un centímetro más que el tamaño que quieres para la borla.

Borlas

 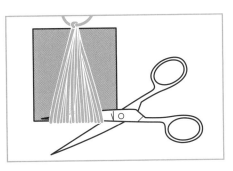 

1 Envuelve el estambre en la tarjeta. Pasa un trozo de estambre de 30 cm bajo la parte superior de los lazos.

2 Amarra con fuerza el estambre en la parte superior; los extremos pueden anudarse o sujetarse con un gancho de tejer, más tarde, o pueden colocarse hacia arriba para coserlos. Corta todos los extremos de la borla en la parte inferior.

3 Toma otro trozo de estambre y amárralo con fuerza alrededor de los estambres sueltos para formar la cabeza de la borla. Termina con un nudo seguro. Enhebra los extremos un una aguja para estambre y trabájalos hacia el interior del centro de la borla antes de emparejarla con unas tijeras.

Flequillos con nudos

Envuelve el estambre en la tarjeta como para hacer borlas, luego corta la orilla para hacer las puntas del flequillo. Agrúpalas formando tantos nudos como necesites.

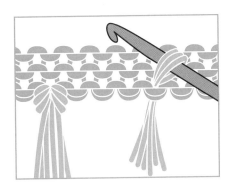  

1 Inserta un gancho de crochet en el borde del tejido de la parte de atrás hacia delante. Introduce un manojo de estambre doblado a la mitad, engánchalo y sácalo de atrás hacia delante, de modo que el lazo quede de una punta y luego recorta los extremos de la otra punta.

2 Con el gancho o con los dedos, pasa los extremos recortados por el lazo.

3 Jala suavemente pero con firmeza, para formar un nudo bien hecho en el borde de la tela. Repite a intervalos regulares. Recorta los extremos para emparejarlos si es necesario.

DECORAR: CON POMPONES

Los pompones dan un toque alegre a la ropa de invierno, en especial a los gorros y las bufandas. Podrías comprar una base de plástico para hacer pompones, pero este método recicla la tarjeta que usaste para hacer borlas y las cantidades sobrantes de estambre, sin costo alguno.

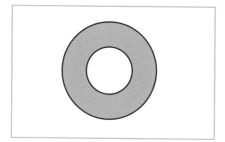

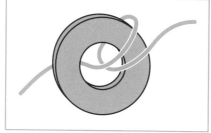

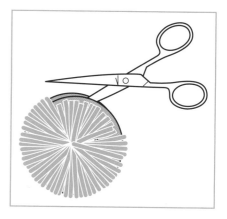

1 Corta dos círculos iguales de cartón (puede ser de una caja de cereal o una tarjeta postal vieja), al tamaño que deseas para los pompones. Corta un hueco exactamente en el centro de cada círculo; debe medir aproximadamente la tercera parte del diámetro del círculo exterior. Ten cuidado de cortar estos círculos con precisión, de lo contrario el pompón no será una esfera perfecta.

2 Junta los círculos y empieza a enredar el estambre alrededor, pasándolo por el círculo del centro. Sigue hasta cubrir los anillos en forma pareja; si no te alcanza el estambre, simplemente empieza a enredar otro trozo. Los pompones multicolores son una forma excelente de usar muchos trocitos de estambre sobrante.

3 Cuando el hoyo del centro se llene (usa unas tijeras de punta roma para estambre cuando se apriete demasiado) toma tus tijeras y corta el estambre que da hacia el exterior hasta que puedes introducir la punta de las tijeras entre las dos piezas del círculo de cartón. Corta todo el estambre alrededor del borde.

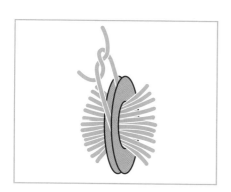

4 Toma un trozo de estambre de 30 a 45 cm de largo y deslízalo entre los círculos de cartón. Átalo apretándolo tanto como puedas alrededor del centro del pompón, envuélvelo dos veces, jala y vuelve a atarlo, pero no lo cortes. Luego retira el círculo de cartón a cada lado.

5 Esponja el pompón y recorta las puntas para emparejarlo si es necesario. Los extremos largos de estambre pueden anudarse o sujetarse con un gancho de crochet a un gancho decorativo; o puedes cortar una hebra y coser la otra directamente a la prenda.

TERCERA PARTE

MÉTODOS Y TÉCNICAS DE CROCHET

CÓMO SOSTENER EL ESTAMBRE Y EL GANCHO

Hay dos formas de sostener un gancho de crochet. Las dos son buenas, así que elige la que más te acomode.

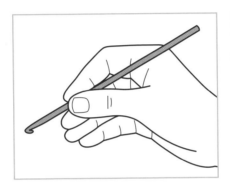

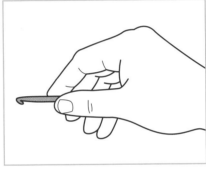

La posición de lápiz

Sostén la parte plana del gancho entre el pulgar y el índice como si estuvieras escribiendo con un lápiz.

La posición de cuchillo

Rodea el gancho con la mano con el pulgar en la parte plana y el índice presionando la parte superior como si estuvieras sosteniendo un cuchillo.

En crochet, el estambre con el que estás trabajando se manipula desde la mano que no está sosteniendo el gancho. Entrelazarlo en los dedos ayuda a controlar la tensión y permite que el estambre pase suavemente de la mano al gancho. No hay reglas fijas; usa el método que sea más cómodo para ti. Consulta la pág. 9 para ver cómo hacer una muestra para determinar la tensión.

CADENAS DE BASE

Todo tejido en crochet empieza con una lazada en el gancho. Ésta es la lazada inicial para trabajar, y a diferencia del tejido con agujas, no se cuenta como un punto. A partir de esta lazada se forma la cadena de base sobre la que se forma la siguiente hilera (en el tejido recto) o el siguiente anillo (en el tejido circular o en espiral).

Hilera de la cadena de base

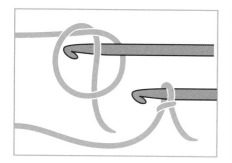
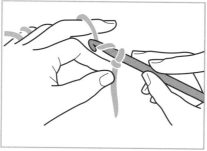
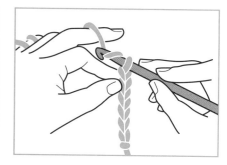

1 Haz una lazada (bucle) con el extremo del estambre y apriétalo en el cuerpo (espinilla) del gancho. Deja un extremo suelto de 15 cm.

2 Sosteniendo el gancho en la mano derecha, toma el nudo de la lazada (bucle) entre el pulgar y el índice (o el dedo de en medio, si lo prefieres) de la mano izquierda. Mueve el gancho hacia arriba y hacia abajo del estambre con que estás trabajando.

3 Vuelve a pasar el gancho con el estambre por la lazada (bucle) para formar el primer punto de la cadena. Repite según se requiera, moviendo la mano izquierda hacia arriba para sostener el tejido con firmeza conforme avanzas.

Anillo base

Lo que más se usa como base para un tejido redondo es el método del anillo cerrado, pero también puedes ver la pág. 42.

Haz una cadena de base corta como se indica arriba; por ejemplo, el patrón dice "7 puntos". Entonces, insertas el gancho en el primer punto de la cadena que hiciste. Trabaja el estambre alrededor del gancho y pasa la nueva lazada (bucle) de modo que se cierre el anillo con un punto bajo.

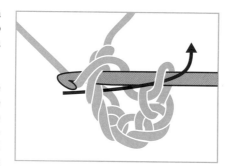

Trabajar en círculo significa que no giras el tejido entre las vueltas; el lado del derecho siempre está frente a ti. Dependiendo del patrón, podrías trabajar en espiral; si lo haces, necesitarás marcadores de colores para indicar tu progreso. O podrías tejer una serie de vueltas, uniéndolas con un punto slip, como se muestra arriba. En ese caso, antes de empezar con la segunda vuelta tendrás que hacer una corta cadena vertical para igualar la altura de los siguientes puntos.

PUNTOS BÁSICOS

Antes de seguir adelante, deberíamos aprender los nombres de los puntos de crochet, en especial porque ahora podemos compartir patrones, nuevos y clásicos, por Internet.

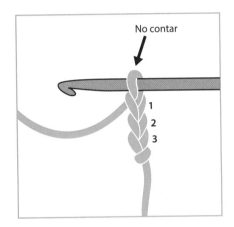

Punto de cadeneta

Se usa con tanta frecuencia que es esencial saber cómo contar las cadenetas en forma adecuada. La lazada que queda en el gancho nunca se cuenta como punto. En este diagrama sólo hay tres cadenas, y si un patrón pide que tejas una segunda cadeneta con el gancho, puedes ver cómo contar para hacerlo.

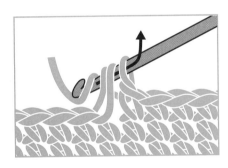

Punto bajo

A partir de este momento verás que la clave de todos los diferentes puntos de crochet es el número de veces que se envuelve el estambre alrededor del gancho.

Inserta el gancho en el siguiente punto. Rodea el gancho con el estambre y saca la nueva lazada. Una lazada permanece en el gancho. Este sencillo punto añade un poco de altura al tejido y muy a menudo se usa para unir las vueltas (ver ilustración).

Punto alto

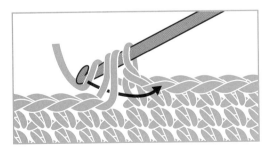

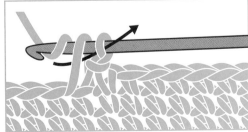

1 Inserta el gancho en el siguiente punto. Rodea el gancho con el estambre y saca la nueva lazada; ahora hay dos lazadas en tu gancho.

2 Rodea el gancho con el estambre de nuevo y pasa el estambre a través de ambas lazadas. Una lazada permanece en el gancho.

Medio punto alto

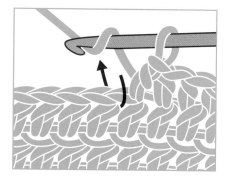

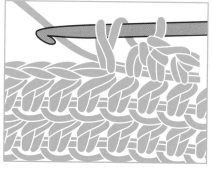

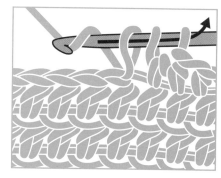

1 Rodea el gancho con el estambre e inserta el gancho en el primer punto.

2 Rodea el gancho con el estambre y saca la nueva lazada a través de él. Ahora hay tres puntos en tu gancho.

3 Rodea el gancho con el estambre de nuevo y saca el estambre a través de las tres lazadas. Una lazada permanece en el gancho.

Este punto es un poco más corto que el punto alto doble y es más alto que el punto alto.

Punto alto doble

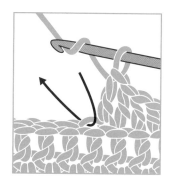

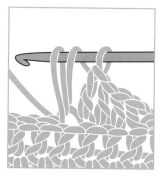

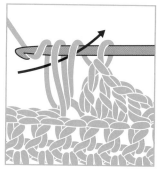

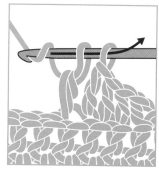

1 Rodea el gancho con el estambre e inserta el gancho en el siguiente punto.

2 Rodea el gancho con el estambre de nuevo y saca la nueva lazada a través de él. Ahora hay tres lazadas en el gancho.

3 Rodea el gancho con el estambre de nuevo y jala el estambre a través de las dos primeras lazadas. Dos lazadas permanecen en el gancho.

4 Rodea el gancho con el estambre y jala el estambre a través de las últimas dos lazadas. Una lazada permanece en el gancho.

El punto alto doble es de dos veces el tamaño del punto alto. Es uno de los más utilizados para hacer "cuadros de la abuela" (ver págs. 42-44).

Punto alto triple

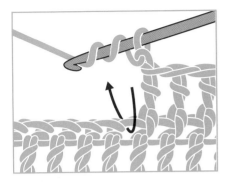

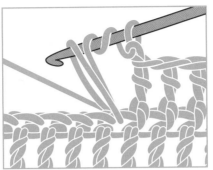

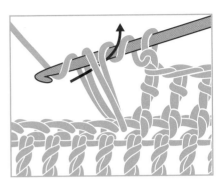

1 Rodea el gancho con el estambre e inserta el gancho en el siguiente punto.

2 Rodea el gancho con el estambre de nuevo y sala el estambre a través del punto. Ahora hay cuatro lazadas en tu gancho.

3 Rodea el gancho con el estambre y jala el estambre a través de las dos primeras lazadas. Tres lazadas permanecen en el gancho.

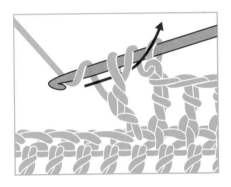

El punto alto triple es más alto que el punto alto doble. Éste es otro de los puntos que se utilizan para hacer los "cuadros de la abuela" (ver págs. 42-44).

4 Rodea el gancho con el estambre y jala el estambre a través de las dos lazadas siguientes. Dos lazadas permanecen en el gancho.

5 Rodea el gancho con el estambre y jala el estambre a través de las últimas dos lazadas. Una lazada permanece en el gancho.

Punto triple-doble

Trabaja como en el punto alto triple, pero rodea el gancho con el estambre tres veces para que haya cinco lazadas juntas en el gancho. Luego ve sacando las lazadas por pares, como en el punto alto triple.

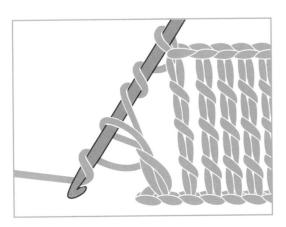

VARIACIONES BÁSICAS DE LOS PUNTOS

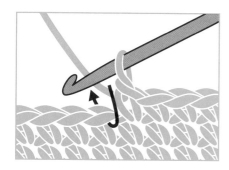

Como regla general, una vez que has trabajado sobre la cadena de base y estás en el patrón de los puntos, siempre debes insertar el ganchillo de crochet debajo de ambas lazadas del punto de la vuelta anterior, a menos que las instrucciones digan otra cosa.

Las lazadas de arriba también ofrecen la manera más fácil de contar los puntos.

Al insertar el ganchillo de crochet en diferentes formas, es posible producir una amplia gama de efectos en la textura del tejido a partir de los puntos básicos. La variación más sencilla es introducir el ganchillo al frente o detrás de la lazada superior, como se muestra en las dos ilustraciones de la derecha. Luego intenta trabajar con las lazadas de atrás y del frente en forma alterna, dentro de la misma vuelta.

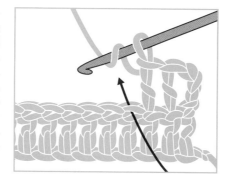

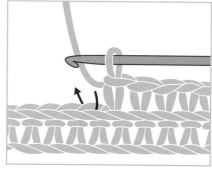

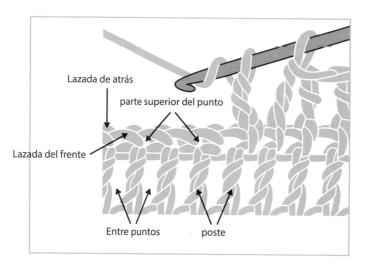

Lazada de atrás

parte superior del punto

Lazada del frente

Entre puntos

poste

Otras variaciones incluyen trabajar entre puntos y alrededor de los "postes" de los puntos; las posibilidades son virtualmente infinitas. El diagrama de la izquierda identifica las diferentes partes de los puntos de crochet. Para hacerlo con claridad, usamos el punto alto triple, aunque los puntos se aplican a todos los puntos de crochet.

CADENA DE GIRO

Al principio de cada vuelta y ronda se requieren varias cadenas de giro para elevar el ganchillo hacia la altura del punto que se va a trabajar. Las instrucciones podrían decir: "Cadena 2. Giro" al final de la vuelta anterior; o giro al final de la vuelta anterior y cadena 2 al principio de la siguiente. Significan lo mismo y de todos modos las cadenas formarán el borde del tejido.

TABLA DE CADENAS DE GIRO

PUNTO (en el Reino Unido)	PUNTO (En Estados Unidos)	NÚMERO DE CADENAS
Double crochet	Single	1 o 2 cadenas para la vuelta
Half treble	Half double	2 cadenas para la vuelta
Treble	Double	3 cadenas para la vuelta
Double treble	Triple	4 cadenas para la vuelta
Triple treble	Double triple	5 cadenas para la vuelta

Las cadenas de giro cuentan como el primer punto en cada vuelta. Para compensar, el primer punto del patrón en sí debe trabajarse en la parte superior del segundo punto de la vuelta anterior. Si no te saltas el primer punto después de la cadena de giro, estarás aumentando un punto (pág. 38). Los patrones impresos incluyen instrucciones completas.

CÓMO AÑADIR ESTAMBRE SIN HACER NUDOS

Ésta es la forma de añadir más estambre o estambre de otro color al principio de una vuelta cuando quieras hacer franjas horizontales.

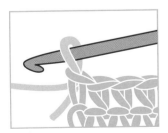

Trabaja el estambre nuevo con el estambre que ya estabas trabajando antes de completar el último punto de la vuelta anterior. Luego suelta el punto anterior para que puedas trabajar la cadena de giro con el nuevo color. Mantén el estambre con el que estabas trabajando por el revés del tejido y asegúrate de que tenga un extremo suelto suficientemente largo para entretejerlo.

AUMENTAR

Al tejer una prenda, necesitas dar forma al tejido y esto significa que debes aumentar puntos. La naturaleza decorativa del crochet también incluye el hecho de aumentar y disminuir puntos al crear patrones y texturas. Los patrones impresos contienen las instrucciones necesarias.

La forma más simple de aumentar puntos en crochet es trabajar dos (o más) puntos en el mismo punto; esto puede notarse menos en medio de una vuelta que en sus extremos. Si se requiere más de un aumento en cada vuelta, normalmente se agregan a lo largo de la vuelta a intervalos regulares. Este ejemplo usa el punto de punto alto doble trabajado en una cadena de base.

Trabajar dos veces en el mismo punto

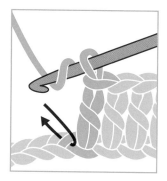 

Si el patrón te pide hacer un aumento mayor, añade puntos en el mismo punto. Es importante contar bien el número de puntos al final de la vuelta.

1 Trabaja hasta el punto en el que quieres hacer el aumento y haz tu primer punto a través de la lazada superior (o lazadas superiores) del punto de abajo.

2 Trabaja otro punto en la misma lazada (o lazadas). Ahora ya has aumentado un punto en esa vuelta.

Otros tres métodos para aumentar

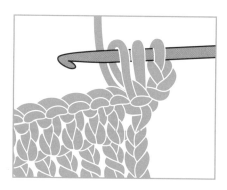 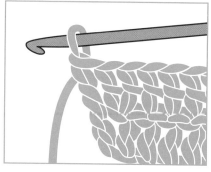 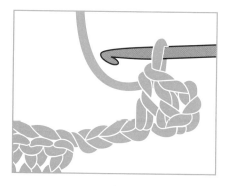

1 Al principio de una vuelta con cadena de giro, en lugar de saltarte el primer punto, haz tu aumento ahí.

2 Al final de una vuelta, trabaja en el patrón hasta los últimos dos puntos. Trabaja dos veces el siguiente punto, luego trabaja el último punto como de costumbre hacia la parte superior de la cadena de giro de la vuelta anterior.

3 Para aumentar varios puntos al principio de una vuelta (por ejemplo 6), haz una cadena con un punto menos (es decir, 5), y una cadena de giro (por ejemplo 3 para un triple crochet), es decir, un total de 8. Sáltate 3 cadenas y trabaja un triple en cada una de las 5 cadenas nuevas restantes, lo que da un aumento de 6 puntos, *incluyendo la cadena de giro.*

DISMINUIR

Así como es necesario aumentar puntos para dar forma a tu tejido, también es necesario disminuir. El método más sencillo es saltarte uno o más puntos, pero esto podría dejar hoyos que podrían notarse. A menos que quieras un efecto ojal, lo mejor es disminuir tejiendo los puntos juntos.

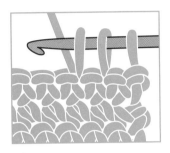 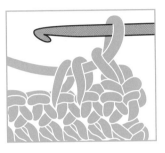 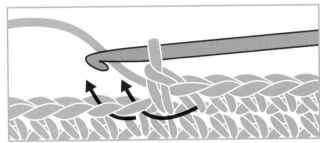

1 Trabaja hasta el punto en que quieres disminuir e inserta el gancho en el siguiente punto, rodea el gancho con el estambre y haz la lazada. Repite en el siguiente punto. Ahora hay tres lazadas en el gancho.

2 Rodea el gancho con el estambre y haz una lazada a través de las tres lazadas. Hay un punto menos.

3 **PARA TENER UNA "DISMINUCIÓN INVISIBLE":** Inserta el gancho sólo en las lazadas del frente de los dos puntos siguientes. Rodea el gancho con el estambre y saca la lazada a través de ambas lazadas del frente. Rodea el gancho con el estambre y saca la lazada a través de las lazadas que están en el gancho.

FORMAS GEOMÉTRICAS

Las formas geométricas pueden tejerse aumentando y disminuyendo los puntos básicos en diversas formas.

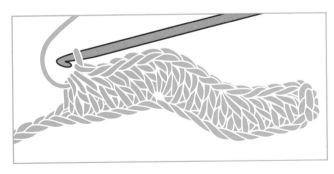 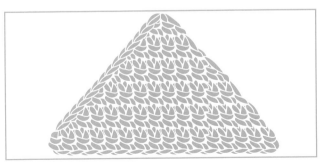

El chevrón (zigzags, ondas u olas) se crea aumentando y disminuyendo el mismo punto en forma alterna en el mismo lugar en cada vuelta. Este patrón de tejido es ideal para bufandas y mantas. *Ver la fotografía 5 en la contraportada.*

Los triángulos simples se forman trabajando una cadena de base y haciendo disminuciones al final de cada vuelta, además de una disminución al principio de cada tercera vuelta.

PARA ABROCHAR

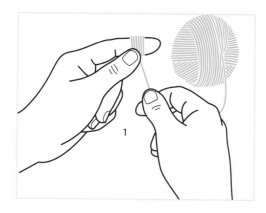

Cómo hacer botones de estambre

Puedes tejer botones con ajugas o con gancho, pero este método es todavía más simple. Envuelve estambre en tu dedo dando seis vueltas. Desliza las lazadas para sacarlas de tu dedo y amarra un trozo de estambre en la parte media antes de doblarlas a la mitad y envolver más estambre para formar una bolita firme. Corta el estambre formando un extremo libre de 40 cm. Enhébralo en una aguja para estambre y pásalo a través de la bolita varias veces para darle firmeza. Usa el resto del estambre para coser el botón a la prenda.

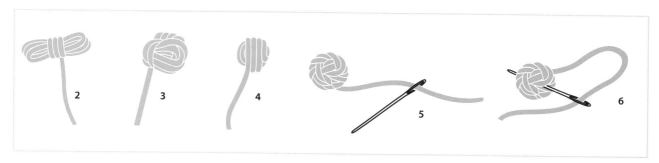

Cómo hacer un ojal con crochet

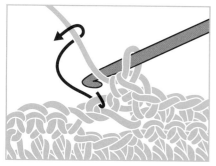

Forma el ojal a una distancia de tres o cuatro puntos del borde del tejido; lo ideal es hacerlo en dos vueltas de punto alto para darle estabilidad. Haz dos cadenas o más para el hueco, que tendría que extenderse ligeramente sobre el botón. Sáltate el mismo número de puntos en la vuelta de abajo. Vuelve a insertar tu gancho y sigue trabajando. Regresa al patrón en la siguiente vuelta.

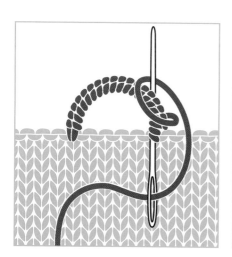

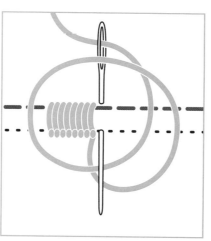

Cómo coser un ojal de presilla

Los ojales de presilla son una buena alternativa para abrochar botones en la ropa y en las bolsas. Cóselos en el borde, en un lado de la prenda, alineándolos con un botón en el otro borde. Enhebra una aguja para estambre y fija el extremo del estambre con firmeza en un punto cosiéndolo una o dos veces; verifica que el tamaño del ojal corresponda con el botón, luego pásalo al segundo punto en el que vas a fijarlo. Sigue haciendo lazadas y fijando el estambre dos o tres veces, antes de usar puntadas en la presilla para que las hebras se mantengan juntas.

BORDES

Los bordes le dan a tu tejido en crochet un buen acabado y combinan bien con el tejido. Puedes trabajarlos directamente en el tejido o formando una banda separada que después se cosa al tejido. Para que el borde sea firme, usa un gancho más pequeño que el que usas en la prenda principal.

Borde de punto alto

Un borde básico retoca, fortalece y cubre extremos sueltos de estambre. Forma una buena base para otros bordes más decorativos. También puede trabajarse con una cadena de presillas a intervalos.

Borde tipo Picot (piquito cerrado)

Un borde sencillo que se une al tejido, es suficientemente pequeño para usarse en ropa de bebé.

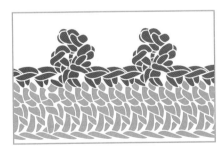

Este ejemplo de triple picot se trabaja sobre una vuelta de base en punto bajo, como sigue: *5 puntos bajos (cadena 3, deslizar [pasar punto sin tejer] en la tercera cadena desde el gancho) 3 veces, luego pasar punto sin tejer hacia la parte superior del último punto bajo que se hizo; repetir desde el * hasta el final.

PROYECTO: CHAL DE CROCHET

Patrón de conchas en diagonal

Ver la fotografía 6 en la contraportada

Múltiple de 5 puntos más 2

Para un chal grande de aproximadamente 90 cm de ancho, usando un gancho de 6.0 mm y estambre doble de tres hilos, haz una cadena de 142.

Para un chal más chico, de aproximadamente 70 cm, usar el mismo gancho y el mismo estambre, haciendo una cadena de 112.

Primera ronda: (lado derecho del tejido) en la tercera cadena del gancho, *saltarse 3 cadenas, 1 punto alto, cadena 3, 3 punto alto doble en la siguiente cadena; repetir desde * hasta 4 últimas cadenas, saltarse 3 cadenas, 1 punto alto en cadena final, voltear.
Segunda ronda: Cadena 3, 3 punto alto doble en la 3ª cadena desde el gancho, *saltarse 3 punto alto doble (1 punto alto, cadena 3, 3 punto alto doble en espacio de 3 cadenas; repetir desde * hasta los 3 punto alto doble, saltar 2 punto alto doble, 1 punto alto en el punto alto doble final, voltear.

La ronda 2 forma el patrón. Repetir la ronda 2 hasta que el tejido tenga el largo deseado.

Este patrón produce un borde decorativo.

Las dimensiones del chal son aproximadas. Los resultados dependen de la tensión de los puntos y de cualquier variación en el tamaño del gancho o el grosor del estambre. Teje primero un cuadrado como muestra (pág. 9), basándote en una cadena de 27.

Borde de conchas

Ver la fotografía 7 en la contraportada

Éste es otro estilo popular que forma un borde más profundo. Ésta es una versión sencilla: Pasar un punto sin tejer hacia el primer punto, *saltar 2 puntos, 5 punto alto doble hacia el siguiente punto, saltar 2 puntos, pasar un punto sin tejer hacia el siguiente punto, repetir desde * hasta el final.

Tejer el crochet con hilos delgados y ganchos de acero es una forma de hacer encajes, y es una forma sorprendentemente rápida de crear adornos para la ropa y los artículos del hogar, como fundas para almohada y servilletas.

CUADROS DE LA ABUELA (GRANNY SQUARES)

Parecen complicados pues se trabajan en muchos colores, pero los cuadros tradicionales no son difíciles y son una forma excelente de comenzar a usar el gancho en rondas. Producirlos es económico, pues se pueden usar trozos sobrantes de estambre. Pueden unirse para hacer tapetes, chales, cojines e incluso ropa.

Los puntos principales son punto alto doble, cadenas y puntos deslizados para unir las vueltas, pero es posible hacer muchos arreglos diferentes. Puedes crear tus propios arreglos después de adquirir un poco de práctica. Además, la estructura básica se extiende a triángulos, hexágonos y formas de flores. El cuadrado siempre empieza con un anillo base, normalmente una cadena base (pág. 32) pero hay otro tipo que puedes usar cuando tu diseño requiere un centro definido y cerrado

Base de lazada de estambre

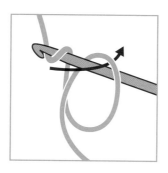

1 Haz una lazada como se muestra en la ilustración, dejando un extremo suelto de aproximadamente 10 cm.

2 Trabaja la primera ronda con el patrón, usualmente con punto alto, a todo el derredor, *por encima de la lazada y del extremo suelto.*

3 Jala el extremo suelto con firmeza para formar el círculo.

Cómo empezar una ronda en un anillo de cadena de base

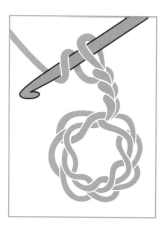

1 Después de unir el anillo con un punto sin tejer (pasar un punto sin tejer), haz una cadena de giro suficientemente larga para que quepa tu primer punto del patrón.

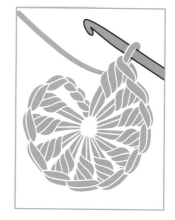

2 Este ejemplo muestra 11 puntos de punto alto doble trabajados en el anillo de modo que los puntos de cadena queden completamente encerrados. Para cerrar la ronda, pasa un punto sin tejer en la parte superior de la cadena de giro. Siempre debes hacer la cadena de giro que se necesita antes de empezar la siguiente ronda.

Un cuadrado de la abuela hecho en etapas

Aquí están los pasos para realizar un cuadro de la abuela en un sólo color.

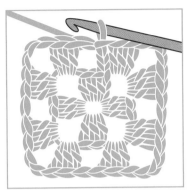

3 El patrón se repite y en esa forma se desarrolla el efecto de cuadros. Este patrón se conoce como "red".

1 Los puntos de alto triple crochet alrededor del anillo base se separan y se unen con cadenas. A menudo un grupo de tres puntos de punto alto triple crochet recibe el nombre de "racimo".

2 En la segunda ronda, después de la cadena de giro que se requiere, se hacen puntos altos dobles sobre los vínculos de la cadena.

Los cuadros de la abuela se unen mejor si a cada uno se le hace un borde firme (pág. 41). Puedes unirlos, borde con borde, con costuras (pág. 26) o hacer una costura invisible plana, usando el gancho de crochet. Esto se hace por el revés del tejido trabajando con punto jersey en los bordes alternos.

TOQUES FINALES

Si usaste estambre de diferentes colores, entreteje todas las puntas con cuidado.

Cuando una pieza está completa, corta el estambre, dejando un extremo suelto de 15 cm. Desliza la última lazada fuera del gancho, pasa el extremo del estambre a través y jálalo suavemente hasta que se cierre. Enhebra el extremo en una aguja de punta roma para estambre y entretéjelo en el borde a lo largo de aproximadamente 7 cm.

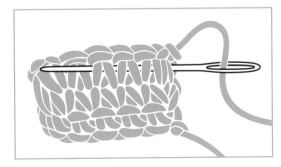

PROYECTO: COJÍN CON CUADROS DE LA ABUELA

Usando el diseño de cuadros de la abuela de la página 43, puedes crear una funda para cojín con un encanto muy especial. Puedes elegir hacerlo con vibrantes colores primarios, en un solo color, o en blanco y negro.

Si quieres el aspecto tradicional, toma colores de todo el espectro y trabaja cada ronda de un color diferente. Si usas el negro en la ronda final, le dará el efecto de un vitral.

Los cuadros también pueden ser sutiles. Elige un tono claro y un tono oscuro del color dominante en tu habitación. Haz un borde pálido neutral alrededor de cada cuadro; este diseño es un buen complemento en una decoración contemporánea.

Para este proyecto, usa una almohadilla cuadrada, de 45 cm x 45 cm, y haz 16 cuadrados de la abuela para cubrir uno de sus lados. Cada cuadrado medirá 10 cm y tendrá 4 rondas trabajadas con un gancho de 4.50 milímetros y un estambre doble o equivalente.

Si cambias de color en cada ronda. Prepárate para tener varios extremos sueltos que deberás entretejer. (pág. 43). Si pules los bordes de cada cuadro según los vas haciendo, no tendrás mucho trabajo que hacer al final. También debes decidir si quieres darle a cada cuadro un borde con punto alto al terminar las cuatro rondas (pág. 41). Esto da al cuadro un margen fuerte y es útil cuando llega el momento de unir los cuadros.

Los cuadros no estarán unidos a la almohadilla en sí, sino a la cubierta, que puede hacerse fácilmente con una funda de almohada de tamaño normal. Córtala para que sea del tamaño deseado y termínala poniendo un zíper, un cierre de velcro o un doblez con botones.

Cuadro de un solo color

Haz una cadena de base de 6 y cierra con pasando un punto si tejer (ver pág. 32)

Ronda 1 (ver la pág. 42): la cadena 3 cuenta como el primer punto alto doble, 2 punto alto doble hacia el anillo, cadena 2 (3 punto alto doble hacia el anillo, cadena 2) tres veces. Unir pasando un punto sin tejer a la tercera de las tres primeras cadenas.

Ronda 2: Cadena 2 (3 punto alto doble, cadena 2, 3 punto alto doble) hacia las primeras 2 cadenas para formar una esquina, *cadena 1, (3 punto alto doble, cadena 2, 3 punto alto doble) hacia las siguientes 2 cadenas; repetir desde * dos veces más. Unir pasando un punto sin tejer hacia la primera de las dos primeras cadenas.

Ronda 3: La cadena 3 cuenta como el primer 3 punto alto doble, 2 punto alto doble, hacia el primer espacio de cadena hacia la izquierda, pasar un punto sin tejer de la ronda anterior, cadena 1, *(3 punto alto doble, cadena 2, 3 punto alto doble hacia 2 espacios de cadena, cadena 1, 3 punto alto doble hacia 1 espacio de cadena, cadena 1; repetir desde* dos veces más, (3 punto alto doble, cadena 2, 3 punto alto doble) hacia los últimos 2 espacios de cadena, cadena 1. Unir pasando un punto sin tejer a la tercera de las primeras 2 cadenas.

Ronda 4: Cadena 2, 3 punto alto doble hacia la siguiente 1 espacio de cadena, cadena 1, *(3 punto alto doble, cadena 2, 3 punto alto doble) hacia 2 espacios de cadena, cadena 1, (3 punto alto doble hacia la siguiente 1 espacio de cadena, cadena 1) dos veces; repetir desde * dos veces más, (3 punto alto doble, cadena 2, 3 punto alto doble) hacia los últimos 2 espacios de cadena, cadena 1, 3 punto alto doble hacia el último 1 espacio de cadena, unir pasando un punto sin tejer hacia la primera de las primeras 2 cadenas.

Corta el estambre, pasa el extremo por la lazada en el gancho y jálalo con firmeza para rematar.

Cuadro multicolor

Haz una cadena de base y trabaja la Ronda 1 como en el cuadro de un solo color. Corta el estambre y remata.

Ronda 2: Une el estambre del nuevo color a cualquier 2 espacios de cadena, pasar un punto sin tejer, cadena 3 cuenta como el primer punto alto doble, 2 punto alto doble hacia el mismo espacio de cadena, *cadena 1, (cadena 2, 3 punto alto doble hacia siguientes 2 espacios de cadena para formar una esquina; repetir desde *dos veces más, cadena 1, 3 punto alto doble hacia los mismos 2 espacios de cadena como principio de ronda, cadena 2, Unir pasando un punto sin tejer a la tercera de las primeras 3 cadenas, Corta el estambre y remata.

Ronda 3: Une el estambre del nuevo color a cualquier 2 espacios de cadena, pasar un punto sin tejer, cadena 3 cuenta como primer punto alto doble, 2 punto alto doble hacia los mismos 2 espacios de cadena, *cadena 1, 3 punto alto doble hacia siguiente espacio de cadena, cadena 1, (3 punto alto doble, cadena 2, 3 punto alto doble) hacia siguientes 2 espacios de cadena; repetir desde * dos veces más, ch 1, 3 punto alto doble hacia siguiente espacio de cadena, cadena 1, 3 punto alto doble hacia mismos 2 espacios de cadena como principio de ronda, cadena 2. Unir, pasar un punto sin tejer hacia la tercera de las primeras 3 cadenas. Corta el estambre y remata.

Ronda 4: Une el estambre del nuevo color a cualesquier 2 espacios de cadena, pasar un punto sin tejer, la cadena 3 cuenta como primer punto alto doble, 2 punto alto doble hacia los mismos 2 espacios de cadena, *(cadena 1, 3 punto alto doble hacia siguiente 1 espacio de cadena) dos veces, cadena 1, (3 punto alto doble, ch 2, 3 punto alto doble) hacia siguientes 2 espacios de cadena; repetir desde * dos veces más, (cadena 1, 3 punto alto doble hacia siguiente espacio de cadena) dos veces, cadena 1, 3 punto alto doble hacia mismos 2 espacios de cadena como principio de ronda, cadena 2. Unir, pasar un punto sin tejer a la tercera de las primeras 3 cadenas. Corta el estambre y remata.

Cuando todos los extremos estén entretejidos, añade un borde de punto alto (pág. 41) a cada cuadro o únelos directamente con punto escalera (pág. 26). Otra alternativa es unirlos con un gancho de crochet.

Finalmente, haz una bastilla alrededor de la base de la funda con hilo de coser.

Si quieres hacer cuadros más grandes, añade más rondas aumentando 3 puntos altos triples a lo largo de cada lado. Los resultados dependen de cualquier variación en el tamaño del gancho o en el estambre.

CUIDADO POSTERIOR

Enganchones

Si el tejido se atoró con algo como un clavo y se salió una lazada, no cortes el estambre con tijeras; tu tejido o crochet se desbaratará. Si el enganchón es leve, trabaja el estambre uniéndolo de nuevo al tejido flexionando y extendiendo los puntos cercanos. Si el enganchón sacó una lazada grande, métela hacia el revés del tejido usando una aguja para estambre o un gancho de crochet.

Manchas

Retira las manchas de inmediato. No talles la parte afectada porque la fricción daña las fibras del estambre y podría dejar una mancha obvia. Las marcas de aceite deben tratarse por el revés del tejido con un solvente adecuado; sigue las instrucciones del fabricante. La mayor parte de las manchas, excepto las de aceite y grasa, pueden limpiarse con una esponja limpia o con un trapo de cocina y agua fría, el agua caliente "fija" la mancha. Algunas personas recomiendan agua carbonatada para eliminar las manchas de té, café y alcohol; debe ser agua carbonatada sola, sin azúcar ni sabores. Una marca terca podría responder al jabón líquido, como los que se venden para lavar lana y seda, pero sólo debes poner este remedio a prueba si tienes la seguridad de que el estambre no se destiñe. Siempre debes dejar que el lodo se seque antes de eliminarlo con un cepillo.

Cómo lavar los tejidos

Primero estudia las recomendaciones relacionadas con el cuidado del estambre en la banda que viene con la bola (pág. 7) y busca la temperatura que se sugiere. Es útil conservar una banda de todo lo que tejas, con el color y el tipo de prenda escritos en la parte de atrás. No remojes la lana a menos que quieras hacer que encoja o quieras reciclarlos. Las fibras de lana tienen pequeñas escamas que se unen permanentemente con agua y con calor (ten cuidado, una secadora caliente puede tener el mismo efecto).

Ya sea que laves a mano o a máquina, evita usar jabón en polvo en encaje de crochet o en artículos que tienen un alto contenido de lana. Los agentes limpiadores de los jabones líquidos están diseñados para usarse a bajas temperaturas y no dejan depósitos de polvo. El jabón líquido tiene la misma eficacia en las fibras hechas por el hombre, en especial en zonas de agua dura.

Pon todas las prendas al revés si estás lavando a máquina, colócalas en una bolsa de malla para evitar que se deformen o se enreden (una funda cerrada por la parte superior con una banda elástica). Las lavadoras modernas tienen una gran diversidad de programas de lavado y exprimido para tejidos de lana y sintéticos; úsalos con confianza siempre y cuando diga "puede lavarse a máquina" en la banda de la bola de estambre. El programa para la lana puede usarse en estambres etiquetados como "lana pura nueva" y "preencogido"; otros tipos de estambres, como el de angora, deben lavarse a mano, que garantiza un tratamiento delicado con la menor agitación.

El suavizante de telas no es muy recomendable para las fibras de estambre natural. Demasiado suavizante relaja la tensión de los puntos y eso hace que el tejido pierda la forma. En el caso del chenille, provoca que se desprendan sus pequeñas fibras y no debe usarse en absoluto. Los acondicionadores ayudan a reducir la electricidad estática en las fibras sintéticas.

Si lavas a mano, coloca la prenda en una tina pequeña y haz espuma presionando y apretando suavemente, no talles ni retuerzas el tejido. Enjuaga cambiando el agua varias veces. Los tejidos de lana deben enjuagarse en agua tibia, los de acrílico siempre deben enjuagarse con agua fría.

Cuando saques la prenda de la tina, dale apoyo al transferirla a una toalla seca, luego los enrollas juntos para eliminar el exceso de humedad. No la exprimas. Voltea las prendas al derecho.

Usando una superficie de trabajo, un tendedero o una rejilla para secado plana, extiende otra toalla (seca) y coloca la prenda en posición plana para que la humedad se evapore de manera uniforme en toda la superficie. Dale forma suavemente, no permitas que las mangas cuelguen, sujeta todos los botones y dobla los cuellos hacia abajo.

Si tienes un deshumidificador, eso acelerará el proceso de secado, si no lo tienes, mantén tus prendas tejidas con agujas o gancho lejos del calor directo o de la luz solar fuerte. Nunca sujetes las prendas con pinzas, ni las cuelgues en ganchos para que se sequen; las pinzas de ropa dejan marcas profundas y toda la humedad baja por la prenda de modo que se extiende perdiendo su forma. Si la prenda no está completamente seca después de 24 horas, voltéala y vuelve a colocarla en la misma forma para que se seque.

Sólo puedes plancharla si es lo indicado, y siempre usa vapor combinado con una tela para planchar por el revés del tejido. El encaje de crochet necesita plancharse, trátalo como tratarías un bordado, usando también una tela para planchar. Otra alternativa es fijarlo con alfileres de modo que quede en posición plana. Usa alfileres largos que no se oxidan, como se describe en la pág. 26.

ALMACENAJE

Estas notas se aplican a las bolsas de estambre que no se han usado o a prendas, mantas, juguetes o accesorios. Revisa con frecuencia las cosas que tienes guardadas e invierte en bolsas ziploc para protegerlas.

Los peores enemigos de los tejidos son la humedad y los insectos; lo que más atrae a la polilla son las fibras de lana. La regla de oro es guardar las cosas limpias. El polvo, la mugre y el sudor pueden dañar y decolorar todo tipo de fibras, sintéticas o naturales, y tanto la polilla como el moho se alimentan de la mugre.

Los recuerdos de familia, como los ropones de bautizo y los chales, deben lavarse en casa o mandarse a la tintorería, luego deben colocarse entre papel tipo kleenex libre de ácidos y almacenarse de inmediato en recipientes cerrados. Dobla con cuidado tus prendas y mantas tejidas y guárdalas en cajones, baúles y estantes bien protegidos (incluso puedes guardarlas en maletas) o dentro de cubiertas con cierres y cajas de plástico con tapa para almacenarlas a largo plazo. Puedes pegar las tapas con cinta adherible para mayor protección.

La polilla tiene un ciclo de vida de aproximadamente seis semanas, y las larvas son las que devoran los tejidos y les hacen hoyos que los arruinan. En la actualidad, la guerra contra la polilla ya no incluye el uso del alcanfor cuyo olor es muy fuerte; existen otros productos aromatizados como el aceite de limoncillo, los bloques de madera de cedro y las bolsitas de lavanda, aunque deben cambiarse con frecuencia.

Mantente alerta, la polilla siempre busca los rincones más oscuros, entra a los cajones y a los estantes por las grietas (le encantan los recovecos de los muebles de madera), y es prudente revisarlos después de varias semanas si no los abres con frecuencia; si constante perturbas el hábitat potencial de la polilla, la plaga no puede arraigarse.

Evita el moho asegurándote de que las prendas que lavas estén completamente secas antes de guardarlas. Y consérvalas en espacios secos y bien ventilados; de preferencia, no los guardes en desvanes o sótanos. Los calentadores y des-humidificadores de baja potencia ayudan a reducir los problemas de condensación.

RECICLAR

Destejer estambre

Volver a usar el estambre de prendas tejidas viejas es una medida económica que se inició en la Segunda Guerra Mundial y es muy adecuada para nuestra cultura actual en la que el reciclar ha cobrado importancia. Se puede dar vida nueva a las prendas tejidas pasadas de moda, como las que se encuentran en las tiendas de segunda mano, o a tus propias prendas viejas que han perdido su atractivo. Su estambre puede usarse para hacer prendas pequeñas como gorras, bufandas y guantes. Es más difícil destejer las prendas tejidas a máquina porque las piezas se unieron con overlock (Una costura tipo overlock se realiza sobre el borde de una o dos piezas de tela para definir el borde o encapsularlo, o bien para unirlas. Por lo general una máquina de coser overlock corta los bordes de la tela a la vez que le son insertados); sin embargo, debería haber una o dos puntadas normales que puedas abrir y encontrar una hebra para empezar a destejer la prenda.

Una advertencia con respecto a comprar prendas tejidas de segunda mano; date tiempo para inspeccionarlas y asegúrate de que no vas a perder tu tiempo y tu dinero. Si la lana se siente ligeramente abultada, no será posible destejerla; se ha dañado debido al calor y nunca volverá a ser como era. Desafortunadamente, algunas fibras son demasiado frágiles y no vale la pena trabajar con ellas; el terciopelo del chenille se desprenderá y caerá por todas partes en cuanto empieces a destejerlo.

Comienza quitando las costuras de la prenda (los cuellos son un buen lugar para empezar), teniendo cuidado de no cortar el tejido en sí. Desbarata el tejido hacia abajo, desde el extremo del tejido en que se cerraron los puntos. Tal vez no puedas deshacer cada sección por completo sin cortar el estambre para liberarlo en algún punto. Forma una bola con el estambre a medida que lo destejes para evitar que se enrede. El siguiente paso es convertir la bola de estambre en una madeja enrollándolo en el respaldo de una silla.

Cuando hayas terminado y antes de sacar la madeja de la silla, átala en tres o cuatro lugares con trocitos de estambre, esto mantiene unidos los rollos de la madeja mientras los lavas. Lava el estambre a mano, moviendo la madeja suavemente para aflojar la mugre. Enjuágala bien, sacúdela, y luego cuélgala o colócala sobre una superficie plana para que se seque al natural.

Cuando esté completamente seca, haz bolas de estambre, sin apretarlas mucho. No te preocupes si el estambre se rompe, puede unirse a medida que tejes algo totalmente nuevo con estambre reciclado.

Enfurtir

Al enfurtir (apelmazar el pelo) se crea un material completamente distinto con viejas prendas de vestir de lana, lisas o con patrones. La definición de los puntos desaparece, dejando una superficie más suave y aplanada. Verifica primero la etiqueta de la prenda; si dice "preencogida" o "puede meterse a la lavadora" la técnica no funcionará. Por otra parte, si dice "lavar sólo en tintorería", el procedimiento seguramente será exitoso. La condición de la prenda no importa, ya que cuando termines puedes cortar los trozos que están muy desgastados o manchados.

El método es sencillo. Toma una prenda de lana pura (esto también incluye mantas o cobijas de lana desgastadas) y ponla en la lavadora con el ciclo de agua caliente, usando más o menos la mitad del detergente que normalmente usarías, no uses suavizante de telas. Si te preocupa que la prende suelte fibras, métela en una funda vieja (ver la sección sobre lavado). Es aconsejable quitarle los botones o adornos antes de empezar, a menos que vayan a formar parte del nuevo diseño. Cubre las mangas largas, desde el puño hasta la sisa, con pantimedias viejas. Más tarde puedes abrir las mangas totalmente y tendrás el doble de material. Debes recordar que los colores podrían desteñirse si se lavan a altas temperaturas y las prendas podrían encogerse en un 30 por ciento. La secadora podría ayudar en el proceso. Si una prenda se lava y se seca repetidamente, seguirá encogiendo, tal vez hasta un 70 por ciento.

Los tejidos enfurtidos no se deshilachan y pueden usarse para hacer casi cualquier cosa, desde sombreros y botines, hasta bolsas y formas novedosas para hacer aplicaciones.

ABREVIATURAS Y TÉRMINOS QUE SE USAN EN EL TEJIDO

En las explicaciones de todos los puntos se utilizan muchas abreviaturas de uso común. Aquí están las más usadas:

ag; aguja.

aum; aumentos/aumentar.

dism; disminuciones/disminuir.

meng; menguar, que significa disminuir.

aux; auxiliar.

d o **der**; derecho.

r o **rev**; revés.

p; punto.

pd; punto derecho.

pr; punto revés.

h o **hil**; hilera.

laz; lazada.

c; cadena.

mp; medio punto.

cm; centímetros.

g; gramos.

ss; surjete sencillo (pasar 1 p. sin tejer, tejer el siguiente al derecho y montar sobre éste el punto anterior no tejido).

sd; surjete doble (pasar 1 p. sin tejer, tejer juntos los dos siguientes al derecho y montar sobre el punto obtenido el anterior no tejido).

2pj; 2 puntos juntos.

a esta letra con asteriscos incluídos significa que hay que repetir los puntos indicados entre los asteriscos, que en vez de repetirlos se los representa con la letra a.

Deslizar un punto; significa pasar un punto de la aguja izquierda a la derecha sin tejerlo.

Lazada; es hacer un bucle con el hilo (también se lo conoce como "hechar hebra") alrrededor de la aguja derecha antes de tejer un punto. Esto origina el aumento de un punto y produce siempre un agujero o calado. A éste tipo de au-

mento se lo conoce como *lazada simple*. Para crear un punto calado casi siempre se compensa con un menguado (reducción de un punto).

Hilera o pasada; es cuando tejemos todos los puntos de la aguja izquierda a la derecha.

Vuelta; una vuelta la componen dos pasadas.

¿Hay que contar las vueltas?:

Sí. Nos sirve para poder seguir un patrón o cuando hacemos cambios de color.

Tejer los puntos como se presentan; significa que cuando comienza una hilera nueva si el punto que se está por tejer se ve al derecho, se debe tejer un nuevo punto derecho, si se ve al revés, se debe tejer un nuevo punto revés.

Contrariar los puntos; significa que el punto que está al derecho tejerlo al revés y viceversa.

ABREVIATURAS Y TÉRMINOS QUE SE USAN EN EL CROCHET

Los diagramas, que se realizan con símbolos, suelen estar acompañados también por las instrucciones escritas. Algunos patrones utilizan abreviaturas con las que se consigue decir varias cosas de manera más corta. Por ejemplo, en una instrucción de un patrón, en lugar de escribir "punto alto" puede escribir "pa" para referise a ese punto.

Para más información sobre símbolos y abreviaturas ver Puntos Básicos y Símbolos de Crochet.

Si un patrón dice: **1 c, 1 pb, 1 pa**

Es mucho más corto que decir: **1 cadena, 1 punto bajo, 1 punto alto**

Éste es un ejemplo de una instrucción escrita abreviada:

Vuelta 1:

1c, 3pb en el anillo base, *dos veces más, unir en pa (4 espacios).

V. 2:

[3c, 2pa juntos, (3c, 3pa juntos) dos veces] en el espacio del pa, *[3pa juntos,

(3c, 3pa juntos) dos veces] en el siguiente espacio de 3-cadenas; rep desde*dos veces mas, unir en pr.

V. 3:

1c, pb en el mismo punto, *3pb en el siguiente espacio de 3-cadenas, pb en el sig punto, Picot-3, 3 pb en el siguiente espacio de 3-cadenas, pb en los sig 2 puntos; rep desde*, omitir el último pb, unir en pb. Rematar.

Símbolos

Además de los símbolos que representan cada punto de crochet, en instrucciones escritas puedes encontrar, como en el ejemplo anterior, alguno de los siguientes símbolos. Los ejemplos que siguen no están abreviados.

Asterisco *

Indica desde dónde se repite una serie de instrucciones.

Una instrucción podría decir: **1 cadena, 1 punto alto, *1 cadena, 1 punto bajo, 1 punto alto; repetir desde* 3 veces más.**

Ten en cuenta que lo que va desde el asterisco hasta el punto y coma ya se hizo una vez y debe repetirse 3 veces más, eso significa que en total se realiza 4 veces.

Doble asterisco **

Indica una repetición final incompleta

Una instrucción podría decir: ***1 cadena, 1 punto alto, 3 cadenas, 1 punto alto**, 1 punto bajo; repetir desde* y terminar la última repetición en****

Paréntesis ( )

Los paréntesis se utilizan para aclarar o ampliar información.

Por ejemplo: **3 cadenas (cuenta como un punto alto).**

En ese caso se utiliza la aclaración al comienzo de una vuelta o hilera.

Por ejemplo: **(25 sc)**

en ese caso se utiliza al final de una vuelta o hilera cuando se realizaron aumentos o disminuciones, para aclarar cuantos puntos son los que deben quedar al terminar.

Por ejemplo: **(LD)** o **(LR)**

en ese caso se utilizan para indicar de que lado del tejido se debe trabajar (LD: lado derecha, LR:lado revés).

Por ejemplo: **Talle 2 (4, 6, 8)**

un patrón puede incluir instrucciones en diferentes talles. A lo largo de las instrucciones, donde debe elegir el tamaño correcto, las instrucciones podrían indicarse por ej. así: 30 cadenas (38, 46, 52). De acuerdo al orden corresponde cada talle.

Por ejemplo: **(1 punto bajo, 2 puntos altos, 1 punto bajo) en el siguiente punto bajo.**

En ese caso se utiliza para establecer puntos que se trabajan en grupo, donde los puntos encerrados entre paréntesis se deben trabajar sobre el siguiente punto bajo.

Corchetes [ ]

– Indica las instrucciones que se tienen que repetir.

Por ejemplo: **[1 punto bajo, 2 puntos altos, 1 punto bajo] hasta el final.**

Siga todas las indicaciones entre paréntesis tantas veces como se indica.

– Usado con paréntesis, cuando hay dos grupos de instrucciones anidado uno adentro de otro.

Por ejemplo: **[2 cadenas, (1 punto bajo, 1 cadena, 1 punto bajo) en el siguiente punto bajo] dos veces.**

En ese caso, se debe seguir las instrucciones entre corchetes dos veces. Específicamente sería así: "2 cadenas, (1 punto bajo, 1 cadena, 1 punto bajo) en el siguiente punto alto; 2 cadenas, (1 punto bajo, 1 cadena, 1 punto bajo) en el siguiente punto alto".

Por ejemplo **[(3 puntos altos juntos, 3 cadenas) dos veces, 3 puntos altos juntos] en el siguiente espacio de 3-cadenas.**

"En ese caso, se debe seguir las instrucciones entre corchetes una vez, trabajando todos los puntos en el mismo espacio de 3-cadenas. Específicamente sería así: "en el siguiente espacio de 3-cadenas (3 puntos altos juntos, 3 cadenas; 3 puntos altos juntos, 3 cadenas), 3 puntos altos juntos".

Términos Adicionales

Los términos pueden significar diferentes cosas de acuerdo a cada patrón. Por lo tanto el significado se describe al comienzo de cada set de instrucciones y sólo es válida para ese conjunto, a menos que se indique lo contrario.

Hay varios términos usualmente utilizados en crochet, que se enumeran a continuación.

Abanico: Grupo de puntos trabajados en el mismo punto o lugar.

Cadena base: La cadena de inicio para comenzar cualquier labor en hileras.

Cadena de vuelta: Tejer uno o más puntos cadena al final de una hilera o vuelta para estar a la altura del tipo de punto que se tejerá en la siguiente hilera o vuelta.

Girar: Se refiere a girar el trabajo, generalmente al finalizar la hilera, para comenzar con la siguiente hilera.

Hilera: Se refiere a una línea horizontal de puntos que al completarse se gira para pasar a la siguiente.

Lazada: Envolver con la la aguja, desde atrás hacia adelante.

Lazo delantero: Se refiere a la lazada delantera del punto.

Lazo trasero: Se refiere a la lazada trasera del punto.

Muestra: Se refiere al número de puntos que entran en 10cm a lo ancho y la cantidad de hileras a lo alto de una muestra tejida con el mismo hilado y aguja que se tejerá el patrón. Si el número de hileras/puntos es menor a lo que indica el patrón, entonces la aguja es demasiado grande. Realizar otra muestra con un número de aguja menor a la indicada por el patrón. Si el número de hileras/puntos es mayor a lo que indica el patrón, entonces cambia a una aguja un número más grande. Siempre utiliza la aguja que produzca la muestra correcta.

Picot: Consiste en una serie de puntos cadena, generalmente 3 o 4 puntos, en donde se une, con punto raso, el primer punto cadena con el último generando un punto decorativo.

Racimos: dos o mas puntos altos, frecuentemente picados o tomados en distintos espacios, que mientras se realiza cada punto alto se deja la última lazada de cada uno en la aguja y al final hasta se cierran todos juntos.

Rematar: Esconder entre el tejido, con ayuda de una aguja de crochet o aguja lanera, la/s hebra/s que queda/n al finalizar el trabajo.

Ronda: Línea horizontal de puntos en trabajos en círculos en donde no se distingue principio y fin de la hilera.

Unir: Se refiere a unir el primer punto con el último cuando se trabaja en rondas. Generalmente se une en punto raso pero el patrón puede indicar otro punto, como el punto alto, para compensar altura.